AF613807

LETTRES
SUR
L'ART D'ÉCRIRE,

LETTRES SUR L'ART D'ÉCRIRE, OU RECHERCHE ET RÉUNION DES PRINCIPES DE L'ÉCRITURE.

Ouvrage utile aux Parens, aux Maîtres & aux Éleves.

NOUVELLE ÉDITION

CONSIDÉRABLEMENT AUGMENTÉE.

Par G. LAURENT, Maître ès-Arts, & Expert-Écrivain-Juré à Paris.

A PARIS,

Chez { COUTURIER, fils, Quai des Augustins, FROULÉ, Pont Notre-Dame, } Libraires.

M. DCC. LXXVI.

Avec Approbation & Permission.

LETTRES
SUR
L'ART D'ÉCRIRE,
OU
RECHERCHE ET RÉUNION
DES PRINCIPES DE L'ÉCRITURE.

Fragment de la premiere Lettre du Pere.

[Les Lettres qui sont au commencement & à la fin, peuvent être regardées comme les préliminaires du Traité.]

DEPUIS six mois je m'efforce d'enseigner à écrire à deux de mes enfans, & malgré les plus grands soins, je vois chaque jour de plus en plus que je n'ai aucun succès à attendre. J'ai cru cela si facile ! J'ai vû l'Écriture enseignée en peu de mots : l'Auteur m'a séduit par la beauté de son abrégé, & par les promesses qu'il renferme (1). Je pensois d'après cela, qu'il n'y avoit plus qu'à mettre la plume entre les mains de mes enfans, & suivre leur travail. Je suis désabusé.

Puisque je n'ai point de Maître à ma portée, & que je ne puis l'être, il faut que vous le soyez encore. Oui, Monsieur, au défaut de leçons verbales, donnez-moi des leçons écrites : si mes enfans ne les entendent point, je saurai y suppléer.

Moyen de bien écrire.

» L'art d'écrire, dit M. Pluche, se réduit à des prin-» cipes dont chacun est capable. Au lieu de débuter par » apprendre à former les différens caracteres, soit de » l'ancienne écriture ronde, soit de la moderne ou ita-» lienne, soit de la coulée, ce qui est d'un succès » très-incertain, il y a une voie plus courte & généra-» lement plus sûre pour quelque écriture que ce soit, qui » est d'exercer sa main plusieurs mois de suite aux traits » qui sont les élémens de tous les caracteres imagina-» bles. Ces traits sont le plein, le délié & le mixte. La » chose se conçoit d'un moment à l'autre. Quant à l'exé-» cution, elle peut être brillante ou supportable. L'e-» xécution brillante provient d'une disposition heureuse » & d'une grande flexibilité dans les articulations des » doigts. La réussite passable & infaillible dépend de » la tenue & de la taille de la plume dont ces traits élé-» mentaires sont les effets. Dès que le poignet & les » doigts sont façonnés à ce léger exercice, tout est fait. » Après deux ou trois mois, souvent après moins de » temps, & sans avoir jusque-là formé aucunes lettres, » on est agréablement surpris de voir la main se prêter

(1) Il est question de ce que dit M. Pluche dans le septieme volume du Spectacle de la Nature ; c'est pourquoi je vais le transcrire, afin que le Lecteur puisse en juger sur le champ & en profiter.

» tout d'un coup à tous les caracteres qu'on voudra » lui demander, parce que tous sont composés des trois » traits qu'elle s'est rendu familiers ».

On trouve quelque chose de semblable dans le *Dictionnaire des Arts*, article *Ecrire*. » Il faut s'exercer » *long-temps*, y est il dit, à pratiquer les préceptes en » grand, avant que de passer au petit; commencer par » les traits les plus simples & les plus élémentaires, & » s'y arrêter jusqu'à ce qu'on les exécute *très-parfaitement*; former des déliés & des pleins, ou jambages; » tracer un délié horizontal de gauche à droite, & le » terminer par un jambage perpendiculaire, tracer un » délié horizontal de droite à gauche, & lui associer » un jambage perpendiculaire; former des lignes entieres de déliés & de jambages, tracés alternativement » & de suite; former des espaces quarrés de deux pleins » paralleles & de deux déliés paralleles; passer ensuite » aux rondeurs ou apprendre à placer les déliés & les » pleins; exécuter des lettres, s'instruire de leur forme » générale, de la proportion de leurs différentes parties, » de leurs déliés, de leurs pleins, &c. assembler des » lettres, former des mots, tracer des lignes ».

Nota. On verra ci-après que le délié horizontal ne peut avoir lieu dans les traits élémentaires.

PREMIERE LETTRE

du Maître.

MONSIEUR,

JE rends un sincere hommage à vos qualités de Pere & d'Instituteur; en conséquence je ferai tous mes efforts pour vous servir. Mais auparavant permettez-moi de vous représenter ce que je pense de votre entreprise.

Rien n'est moins étonnant que la disgrace dont vous vous plaignez. Quand on veut s'ériger en Maître, il faut pouvoir embrasser tous les principes, & procéder par degrés & avec méthode : ne consulter que son zèle; compter sur une succession de lumieres, souvent incertaine; prétendre créer des moyens; en un mot, ne point savoir tout son chemin, c'est s'exposer à revenir sur ses pas. Cela arrive tous les jours; cela vous est arrivé à vous-même. Néanmoins animé du même zèle, vous voulez recommencer votre ouvrage! Quel but vous proposez-vous? Jusqu'à quel degré prétendez-vous conduire vos chers enfans? Vous suffit-il qu'ils sachent communiquer leurs idées en quelques circonstances, ou voulez-vous qu'ils possedent cette partie d'éducation de maniere à se reposer sur elle des caprices de la fortune? Je ne sais que penser. Si je considere votre entreprise en elle-même, je suis porté à croire que vous n'avez que la premiere intention: si je me représente votre sagesse, je me persuade que vous voulez leur faire acquérir une écriture dont ils puissent faire usage dans tous les cas possibles. Pour ne point vous laisser dans l'erreur, je vous supposerai la premiere intention:

Je vous la présenterai sous le point de vûe où tout le monde doit la voir ; ensuite je ferai mes efforts pour vous y faire renoncer, & vous attacher à la seconde, qui deviendra l'unique objet de mon travail.

Je suppose donc que vous ne vouliez faire acquérir à vos enfans qu'une écriture qui leur suffise pour communiquer leurs idées dans les besoins ordinaires. Quelle conduite devez-vous tenir, vous qui voulez être leur Maître? Cela n'est point difficile à décider. Laissez-les prendre la position qui leur paroîtra la plus commode ; faites-leur tenir la plume comme vous le savez vous-même, ou comme ils le voudront ; donnez-leur des lettres à imiter : vous aurez du succès : ils copieront ces lettres avec exactitude, vous reconnoîtrez votre main dans la leur, même en assez peu de temps. Mais, Monsieur, qu'aurez-vous fait? Il y a cent à parier contre un que vous aurez fait contracter à vos Eleves les plus mauvaises habitudes, & qu'ainsi vous aurez fermé l'entrée à la bonne écriture. Ils paroîtront avancer plus vîte dans les commencemens : ils formeront des lettres isolées que vous trouverez bonnes ; mais comment ordonneront-ils un mot, une ligne, une page? Le plus mal du monde. En pratiquant ce moyen, vous attendrez long-temps une sorte de perfection, & peut-être l'attendrez-vous en vain. Quand cette sorte de perfection auroit lieu, elle ne seroit d'aucun prix ; car si celui qui apprend, de cette maniere peut peindre en écrivant fort lentement dès qu'il faudra aller un peu vîte, il n'en trouvera point la faculté dans sa main : il ne l'acquérera qu'aux dépens de la forme ; & cette écriture qui paroissoit si belle, si bonne, si bien dessinée, ne sera plus lisible. Ainsi pour avoir desiré peu de chose, on n'obtient rien ; ce qui prouve qu'il est quelquefois prudent de viser au-dessus du but.

Mais si vous aviez suivi cette marche, au moins auriez-vous eu ce succès, tel qu'il soit. J'entrevois votre procédé. Vous avez cherché à profiter de quelques principes que je n'ai eu que le temps d'indiquer à MM. vos fils : vous l'avez fait d'autant plus volontiers que M. Pluche le recommande ; puis, négligeant le gros caractere, vous avez passé promptement à celui qui vous plaisoit le plus, à une écriture d'usage, comme vous le disiez vous-même. N'avez-vous jamais éprouvé que toutes les écritures sont d'usage pour la plupart des hommes ? Au reste, qu'est-il arrivé ? Je suis persuadé que M. votre fils aîné, qui écrivoit mal auparavant, a repris son ancienne écriture, & que son frere, qui n'avoit jamais appris, n'en a pu acquérir aucune. Je ne m'arrêterai point à combattre une erreur qui vous a coûté six mois de travail en pure perte : je me contenterai de faire une réflexion sur l'abrégé de M. Pluche, abrégé qui me paroît si beau, que j'y aurai recours en plusieurs occasions.

Il s'en falloit de beaucoup que la leçon de M. Pluche pût vous suffire ; ce n'a été, ni a pu être l'intention de son illustre Auteur. En voici une preuve, entr'autres. Il dit fort bien : *la réussite passable & infaillible dépend de la tenue & de la taille de la plume* ; mais il ne donne point la maniere de la tenir, ni de la tailler, deux choses essentielles qu'il n'auroit pas oubliées, s'il ne se fût contenté de décrire le méchanisme de l'écriture comme il a décrit celui des autres Arts. Outre cela, M. Pluche n'a rien dit de la maniere de mouvoir les doigts, le poignet & le bras, de former les lettres, &c. Vous conviendrez donc qu'il faut d'autres leçons.

Quelque route que vous ayez prise, vous l'avez cru bonne ; peut-être même n'avez-vous pas pensé d'abord qu'il y en eût une meilleure ; au moins vous avez cru pouvoir la suivre sans danger. Mais je m'appésantis sur cette matiere. Vous avez employé de mauvais moyens ; vous voulez en employer qui les effacent, & qui produisent un entier effet : je vais vous les offrir : je vais vous faire voir comment il faut procéder, & d'abord ce qu'il importe de réunir pour s'assurer du succès.

Des qualités du Maître d'Écriture.

Savoir tailler une plume à propos ; ſentir les effets qu'elle doit produire ; figurer des caracteres ; obſerver leur liaiſon, leur ſituation, leur grandeur reſpective ; avoir une main ſûre & légere, ſont les qualités qui conſtituent l'Écrivain en lui-même. Veut-il être Maître ? Il doit étudier les diſpoſitions des Éleves, & en tirer le parti le plus avantageux : pour cela il doit leur propoſer clairement les principes ; les ſuivre dans leurs opérations ; les rectifier auſſitôt qu'ils s'écartent ; corriger leur ouvrage dans le moment même où ils peuvent en profiter, ſans les laiſſer prendre l'habitude de mal faire ; le corriger non-ſeulement en faiſant mieux, mais encore en leur indiquant la maniere de le faire eux-mêmes, & en leur découvrant le vice de leur main ; ne s'attacher qu'aux parties qui peuvent former un beau tout ; prendre garde d'un côté qu'une peſante peinture ne s'oppoſe à une écriture aiſée, d'un autre que le brillant n'exclue le ſolide. Telles ſont les qualités que doit réunir le Maître d'Écriture. Je dis réunir, parce qu'il eſt conſtant qu'il faut avoir fait beaucoup d'obſervations, pour diſtinguer la nature des mains que l'on rencontre, pour ordonner les opérations avec économie, pour détourner les obſtacles & préparer le ſuccès. Or pour obſerver il faut déja connoître ; car on ne peut rien obſerver dans ce que l'on ne connoît point ; d'où il eſt aiſé de conclure qu'il faut réunir la théorie & la pratique réfléchie de l'écriture & de l'enſeignement.

Des qualités de l'Éleve ou *de ſes diſpoſitions.*

L'exécution brillante provient, dit M. Pluche, *d'une diſpoſition heureuſe & grande flexibilité dans les articulations des doigts.*

Quoiqu'une grande flexibilité dans lès articulations des doigts ſoit une diſpoſition heureuſe, elle ne ſuffit point : c'eſt une diſpoſition du tempérament ; & celle dont M. Pluche entend parler, eſt ſans doute une diſpoſition de l'eſprit ou du cœur, ſavoir le goût & l'amour du travail, ou plutôt encore ces deux diſpoſitions enſemble. Voyons-les chacune en particulier.

1°. La flexibilité des doigts dépend de la qualité du ſang ; cela me paroît inconteſtable. Le ſang épais engourdit les doigts & appéſantit la main : l'écriture qui en réſulte eſt gênée & bourbeuſe. Le ſang pur, clair, un peu vif, produit la grande flexibilité dont eſt queſtion, flexibilité dont il réſulte une écriture libre, brillante & forte tout à la fois. Le ſang très-clair rend les doigts très-flexibles ; mais l'écriture qui en réſulte a plus de liberté que de force & de beauté.

Il eſt à propos de comparer cette diſpoſition avec celle à un autre Art, au chant, par exemple. Le chant & l'écriture, différens dans leurs principes, leur utilité & leur exécution, ont une certaine analogie : leurs diſpoſitions ont la même ſource. Si le ſang conſtitue la main, il conſtitue également la voix. Tout le monde peut chanter, tout le monde peut écrire ; on le peut même en tout temps ; mais il n'eſt pas vrai que tout le monde puiſſe bien chanter ou bien (1) écrire, & ceux qui le peuvent, ne le peuvent pas en tout temps, pluſieurs choſes agiſſant ſur les organes de la voix & de la main. On peut étendre cette idée, & en tirer pluſieurs conſéquences.

2°. Le goût en général eſt ce qui nous attache à une choſe par le ſentiment. On aime un objet à proportion du plaiſir qu'il donne. Ainſi l'on aime l'écriture, on a du goût pour elle, parce qu'on la trouve bonne, ou parce qu'on la trouve belle. L'écriture eſt bonne, parce qu'elle eſt utile : elle l'eſt plus ou moins, ſuivant les conditions ; par conſéquent le goût qui vient de ce ſentiment, doit varier entre les eſprits, & croître ou diminuer. C'eſt l'ou-

(1) Ce *bien* s'entend du brillant & non de la régularité.

vrage des parens. L'écriture eſt belle : elle flatte les yeux ; ſes principes ſont conſtans, ſes regles ſont bien concertées. Le goût qui vient de ce ſentiment, eſt plus rare ; mais il eſt ſuſceptible d'augmentation & même de perfection. C'eſt l'ouvrage des Maîtres. Heureux ſi je puis y contribuer !

Il eſt encore une autre ſorte de goût néceſſaire en général ; c'eſt celui qui vient de l'idée des progrès. Pour le faire naître & l'autoriſer, il faut, comme il a été dit ci-deſſus, procéder par degrés & avec méthode. Par ce moyen on ne propoſera à l'Éleve, que ce qu'il pourra exécuter, & il ſera toujours ſatisfait ; mais il faut avoir grand ſoin de détruire l'amour propre mal entendu. C'eſt encore l'ouvrage des Maîtres.

3°. La flexibilité des doigts & le goût ſont des diſpoſitions heureuſes : celui qui les a, peut eſpérer de grands ſuccès, s'il y ajoute l'amour du travail. Cette troiſieme diſpoſition réſulte de la ſeconde, & lui eſt néceſſairement liée : elle eſt ſi importante, qu'elle peut ſuppléer à la premiere. En s'exerçant beaucoup, en s'attachant aux principes, on peut vaincre la foibleſſe, ou la roideur des doigts & du poignet, & acquérir une écriture paſſable, agréable même à cauſe de ſa régularité.

4°. Il faut un certain eſprit pour bien écrire, 1°. parce qu'il faut du goût pour en ſentir au moins l'utilité, 2°. parce qu'il faut de l'attention pour le faire exactement. Il faut dans les Éleves une attention continuelle qui devienne habitude : elle doit ſe partager entre le mouvement des doigts, du poignet & du bras, & l'arrangement des lettres. On peut dire à ce ſujet qu'il faut de l'œil pour l'écriture, comme il faut de l'oreille pour la muſique.

Des Plumes, de l'Encre & du Papier.

La plume eſt l'inſtrument de l'écriture : il eſt très-ſimple & très-bien trouvé ; mais il faut le choiſir dans ſon eſpece. Une bonne plume doit être bien ronde, tranſparente, nette: cependant si elle est un peu jaune, ce qui est un signe de vétusté, elle est bonne; si elle est bien blanche, elle est trop épaisse & ne vaut rien. Il me paroît que les plumes molles conviennent aux enfans jusqu'à l'âge de puberté, & aux mains délicates; & les plumes dures aux mains vigoureuses.

Le papier & l'encre sont la matiere de l'écriture. Le papier doit être doux ou rude, suivant que la plume est molle ou dure. C'est aux Maîtres à le choisir.

L'encre doit être liquide à un degré moyen. Si elle l'est trop, elle surcharge l'écriture: si elle ne l'est pas assez, la plume ne peut bien marquer, quelque bonne qu'elle soit.

Souvent l'encre est bonne, & cependant elle coule en trop grande quantité ou ne coule point du tout: cela vient de ce que la plume est grasse: il faut la tremper dans l'eau ou le vinaigre, & ensuite l'essuyer si l'on veut.

Le meilleur Écrivain ne peut rien produire de beau, s'il trouve quelque défaut dans l'une de ces trois choses.

Ce seroit ici le lieu de vous parler de la position du corps & de la taille de la plume; mais je suis arrêté. A quelle écriture appliquerai-je ce que je puis dire à ce sujet? Entreprendrez-vous, Monsieur, la ronde, la bâtarde & la coulée? On commence souvent par la ronde: on fait dominer cette écriture dans la conduite de l'Éleve, ou on la tempere par la bâtarde. Ce seroit le sujet d'une dissertation; mais je ne m'en permettrai aucune. Je me contente de vous dire que je suis convaincu de son utilité & même de sa nécessité pour la bonne écriture. Consultez-vous, Monsieur, & faites-moi part de vos intentions: je m'y conformerai promptement & de mon mieux.

J'ai l'honneur d'être, &c.

Fragment de la seconde Lettre du Pere.

Si j'en crois mes enfans, après un travail inutile il est permis d'être moins courageux; ainsi je vous prie d'abréger dorénavant, & de ne me donner que le simple nécessaire. Néanmoins je suis toujours animé du même zèle; faites donc selon votre pouvoir & mon besoin. J'entreprendrai la ronde sur votre parole, quoique je l'écrive mal.

SECONDE LETTRE

du Maître.

MONSIEUR,

IL n'y a qu'une chose nécessaire, & il n'y a rien de plus simple: vous le savez mieux que moi, Monsieur, c'est de bien faire. Cela posé, je suivrai mon inclination. Je contrarierai peut-être Messieurs vos fils. Mais que m'importe, puisque vous me laissez en liberté? Cette position est bien commode pour le Maître, & bien avantageuse pour l'Éleve! Au contraire quand il est tourmenté par un phantôme de pere ou de mere, quand on force un enfant à le regarder comme un imbécille, tout va mal, tout est manqué. Mais je ne veux point contrarier Messieurs vos fils: je veux qu'ils sentent eux-mêmes le besoin des principes par les lumieres qu'ils en recevront, & qu'ils les aiment. Ne seriez-vous pas bien surpris s'ils vous surpassoient à cet égard? Vous dites encore par votre derriere, que puisqu'il ne s'agit que de faire des lettres pour savoir écrire, on doit se borner à ce soin purement & simplement. Cela m'étonne : je croyois avoir banni cette idée de votre esprit. Voyons donc encore. Quand on débute par apprendre à former des lettres, on éprouve une gêne continuelle, parce qu'on ne connoît point les mouvemens nécessaires pour la plupart de ces caracteres. La gêne est l'ennemie de l'écriture, parce qu'elle exclut la beauté : elle l'est encore parce qu'elle produit le dégoût. Pour éviter le dégoût, il faut présenter les choses à l'Éleve de maniere qu'il en sente l'utilité & la facilité. Il lui faut des mouvemens préliminaires plus ou moins grands, qui puissent se prêter mutuellement du secours : il faut que les petits indiquent la maniere de faire les grands, & que ceux-ci rendent les autres plus aisés.

Mais que mon langage seroit obscur, qu'il seroit vague, si vous ne m'aviez donné occasion de faire des recherches ! Je vous suis redevable de l'invention la plus précieuse pour moi. Oui, Monsieur, en travaillant à me rendre digne de vous servir, j'ai trouvé les vrais principes de l'écriture, sur lesquels on s'est tranquillisé ou abusé. Graces à vous, en un mot, je ne suis plus automate !

Rien n'est plus analogue à ce que dit M. Pluche, que ce que j'ai à vous proposer : rien n'est plus propre à procurer le succès qu'il promet. Un quarré ; qui comprend un plein & un délié, & dont on forme un *O*, qui est le mixte ; cela seul, un peu modifié, met l'écriture en main & en rend raison. Vous le reconnoîtrez bientôt : vous verrez un systême qui a l'attribut le plus convenable à un art nécessaire, savoir la simplicité.

Une découverte utile à laquelle vous avez donné lieu, vous seroit-elle indifférente ? Sachant le peu de succès que vous avez à attendre de votre méthode, pouvant vous convaincre de l'excellence de celle que je vous propose, combattrez-vous encore ? Je terminerai sur ce sujet par une comparaison étrangere, à la vérité, mais assez juste. Si l'on fait fondre d'un côté une livre de matiere grasse, de beure, par exemple, & de l'autre une livre d'étain, le feu étant d'égale force de part & d'autre, le beure commencera le premier; mais l'étain se fondra entierement & tout-à-coup avant que le beure le soit tout-à-fait. Il en est de même de la méthode d'apprendre en formant d'abord des lettres, & de celle que M. Pluche recommande. Toutes choses égales d'ailleurs, un Éleve qui suivra la premiere, aura le premier quelque succès; mais l'autre, après avoir été tardif, avancera à pas de géant, & laissera bien loin derriere lui son émule, lequel sera peut-être déja ennuyé & dégoûté.

Je crois que vous n'obmettrez rien d'utile dans votre seconde entreprise; c'est pourquoi j'ai fait ensorte de ne rien négliger dans le traité que je vous envoye. Mais quelques efforts que j'aie fait pour être méthodique, il vous serviroit trop tôt ou trop tard si vous ne le lisiez qu'à mesure; lisez-le donc d'abord entierement; lisez-le plusieurs fois; faites ensuite de chaque article un objet de réflexion; tentez, observez, comparez; sur-tout n'oubliez point que la moindre omission a de grands inconvéniens, & que l'observation d'un principe que l'on auroit cru indifférent, produit des effets dont on est agréablement surpris.

J'ai l'honneur d'être, &c.

DE LA RONDE.

Maniere de tailler la Plume.

Art. 1. POUR bien tailler une plume, il faut avoir un canif dont la lame ſoit étroite & un peu mince, & 1°. faire une petite ouverture ſur le dos & une ſemblable ſur le ventre.

2°. Fendre un peu la plume ſur le dos avec la lame du canif, & continuer cette fente avec le manche, ayant ſoin de poſer le pouce où l'on veut que la fente ſe termine. Si la plume ne ſe fend pas net, elle formera mal les déliés: on pourra la trouver meilleure en pouſſant la fente un peu plus loin; ſinon on la fendra avec la lame du canif.

3°. Il faut ouvrir la plume ſur le ventre; préparer le bec en évidant les deux côtés de la fente à égale hauteur; placer les deux carnes (*C. fig. 1. & 2.*) vis-à-vis la fente, que l'on conſervera d'un peu moins de deux lignes. Le bec doit être cavé au-deſſous des carnes. Il faut ſur-tout que le côté qui correſpond au pouce ſoit plus fort que l'autre, parce qu'il fatigue davantage; on obſervera cependant que ſi l'autre eſt trop foible, la plume éclabouſſera.

4°. La plume étant dans cet état, il faut ôter un peu de l'épaiſſeur du bec en le coupant de biais ſur le dos, puis le couper obliquement en tenant le canif à plomb.

5°. Enfin il faut ouvrir une troiſieme fois le ventre de la plume, pour former le grand tail, qui doit avoir deux fois la longueur du bec.

De l'obliquité du bec de la Plume.

2. *Remarque.* On obſerve qu'il ſeroit difficile d'écrire avec une plume coupée droit & tenue abſolument à face : le tournant des jambages & les liaiſons ſe formeroient mal ; & l'écriture ſeroit lente. Si au lieu de tenir cette plume à face, on la tient de côté, le tournant des jambages qui ſe formoit mal dans la premiere poſition, ſe trouve trop fort & trop grand dans celle-ci : le jambage lui-même eſt foible, & n'eſt ni droit, ni égal. Pour couper la plume obliquement, il n'a fallu que cette obſervation que tout le monde peut faire. Mais plus la plume eſt coupée obliquement, plus il faut la tenir obliquement auſſi, & renverſer la main en dehors. On a l'avantage d'être plus diſpoſé à écrire perpendiculairement ; mais on s'écarte de la poſition qui convient eſſentiellement à la batarde & à la coulée. Pour s'en rapprocher, il faut couper & tenir la plume peu obliquement, & ſoutenir la main en conſéquence.

De la poſition du Corps.

3. La juſte poſition du corps eſt eſſentielle pour l'écriture, & l'on perd beaucoup à ne pas l'obſerver. Qu'on diſe tant qu'on voudra qu'il y a des perſonnes qui écrivent bien en ſe tenant mal : il ſera toujours vrai qu'elles écriroient beaucoup mieux ſi elles ſe tenoient autrement ; qu'une légere attention auroit ſuffi pour leur en donner l'habitude, & que ce défaut eſt un des plus grands obſtacles.

4. Ecrire, c'eſt tracer des caracteres avec une plume, inſtrument fort léger que l'on conduit ſans violence : aucun acte ne demande moins d'effort de la part du corps, par conſéquent moins d'appui ; la gêne & la contrainte répugnent donc à l'écriture. » Pour que l'écri» ture ſe produiſe aiſément, dit M. Roſſignol, » il eſt néceſſaire que la table ſoit diſpoſée de » façon à mettre les pieds devant ſoi & ſtables. » La diſtance du ſiege à la table doit être d'un » pied de hauteur, & de la table à la tête d'un » autre pied. L'écriture ronde exige que l'on » tienne ſon papier vis-à-vis le corps, les deux » coudes hors de la table (ou par indulgence, » le coude gauche ſur le bord de la table) ; le » bras droit écarté de ſept doigts du corps ».

On ſent bien qu'un pied de diſtance entre le ſiege & la table, & entre la table & la tête, ne ne convient point à toute ſtature. On doit ſentir auſſi par cette regle qu'il importe de ſoutenir le corps. Quant à la table, ſi étant aſſis commodément, les coudes répondent au bord, ſi on peut poſer les bras ſans les lever beaucoup & ſans être obligé de pencher le corps, elle eſt bonne. Si elle a un peu de pente, c'eſt-à-dire, ſi le côté du corps eſt plus bas que le coté oppoſé, le bras droit ſera plus libre; ſi elle a du côté du corps des bords en ſaillie comme une table à jouer, on ſera gêné.

Maniere de tenir la Plume.

5. Il faut placer la plume entre les trois premiers doigts, le pouce, l'index & le grand doigt, & leur faire garder cet ordre entr'eux: le grand doigt un peu arrondi, doit tomber un peu au-deſſous de l'ouverture du grand tail; l'index moins arrondi, doit ſe terminer vis-à-vis le milieu de l'ongle du grand doigt; le pouce toujours plié, doit aboutir vis-à-vis le milieu de l'ongle de l'index. Les doigts étant ainſi ordonnés, il faut 1°. prendre garde de les appuyer trop fort ſur la plume: il ſuffit qu'elle ſoit tenue aſſez ferme pour ne pas tomber. 2°. Il faut placer le pouce & le grand doigt aux deux côtés de la plume, de maniere qu'il y ait environ une ligne d'intervalle entr'elle & les ongles. On voit qu'il faut tenir les doigts dans un juſte ar-

rondissement, desorte qu'ils puissent s'étendre & se plier davantage. Ils seront bien si le haut de la plume touche l'index entre les deux dernieres jointures.

La plume étant tenue avec les trois premiers doigts, que deviendront les deux autres? On les placera mollement sur le papier, à côté l'un de l'autre, & éloignés des premiers d'un travers du petit doigt.

Position de la main & du bras droit.

6. Toutes ces précautions exactement prises, il faut poser la main sur le papier dans la direction du bras, c'est-à-dire, sans la tourner à droite ni à gauche, & l'appuyer sur les deux derniers doigts & sur son origine, que l'on appelle le talon de la main, mais si légerement (observez bien) qu'elle puisse glisser avec la plus grande facilité.

7. Il est essentiel pour rendre l'écriture aisée, de soulager le bras, de lever le coude un peu au-dessus du niveau de la table, & de faire pour cela un effort qui se fasse sentir dans l'épaule même. Il est très à propos aussi de n'avancer le bras sur la table que de la moitié de l'avant-bras; car si on l'avance davantage, il sera moins possible de poser la main comme il est dit ci-dessus (6).

8. Il faut que la main soit renversée en de-

dans, ou plutôt tenue droite. Elle ſera bien à cet égard, ſi on peut faire paſſer le tuyau d'une plume ordinaire entre l'origine du petit doigt & le papier.

Effets de la Plume.

9. Si l'on tient la plume à face, c'eſt-à-dire, les deux côtés du bec placés ſur une ligne horizontale, & qu'on la conduiſe perpendiculairement, on aura un plein parfait: ſi on la conduit horizontalement, on aura un délié (*fig. 5 & 6 de la premiere Planche, qui convient particulierement à la ronde*).

10. *Remarque.* On obtient un plein parfait toutes les fois que l'on conduit la plume ſur des lignes paralleles à la poſition de ſon bec, de maniere à couper ces lignes à angles droits. Par exemple, pour produire cet effet (*fig. 5*), j'ajuſte la plume ſur la premiere ligne; je la fais paſſer ſur la ſeconde & les ſuivantes: elle trace une autre ligne qui forme avec celles-là des angles droits, ou des croix régulieres; & c'eſt le plein le plus parfait. On a un délié toutes les fois que l'on conduit la plume ſur ſon tranchant.

11. Si la plume eſt dans la poſition à face, & qu'on la conduiſe obliquement, le plein ne ſera plus parfait (*fig. 7*); & il le ſera d'autant moins que l'obliquité ſera plus grande.

12. Si l'on tient la plume tout-à-fait de côté,

ou de travers, c'eſt-à-dire, les deux côtés du bec placés ſur une ligne perpendiculaire, & qu'on la conduiſe horizontalement, on aura un plein parfait (10); ſi on la conduit perpendiculairement, on aura un délié (*fig. 8.*)

13. Si l'on tient la plume obliquement & qu'on la conduiſe auſſi obliquement, on aura un plein parfait (*fig. 9*), (10); ſi on la mene perpendiculairement, on aura un plein moins fort (*fig. 10*) : voilà le plein que l'on employe dans l'écriture ronde, & que l'on peut appeller pour cela plein d'uſage. Il faut bien remarquer que dans cette poſition la plume ne peut produire aucun délié qu'il ne ſoit oblique.

14. Le moyen le plus ſûr de prendre le degré d'obliquité convenable, c'eſt de s'exercer d'abord à former des quarrés ou parallélogrammes ſemblables à celui qui eſt marqué ſur la premiere Planche (*fig. 11*) (1). On peut remarquer que la ligne ſupérieure, qui eſt déliée, eſt peu oblique, peu différente de la ligne horizontale, & en conclure qu'il faut tenir la plume peu oblique, & peu éloignée de la ſituation à face. D'après cela il faut eſſayer de le copier.

Des Principes.

Mais avant que de rien entreprendre, conſidérons l'alphabet. Remarquons ces têtes & ces

(1) Voyez l'avis qui eſt à la fin du livre.

queues inégales. Celle du *d* a un corps moins un quart ; celle du *b* a un corps & un quart ; la queue du *q* a deux corps moins un quart ; celle du *g* a deux corps. Voilà ce qu'on appelle principes de l'écriture. Pourquoi s'aſſujettir à des dimenſions ſi minutieuſes? C'eſt l'uſage, dit-on, c'eſt le goût. Il eſt aiſé de ſentir la néceſſité de les chercher les principes ; & ils ſeront vrais, ſi tout le monde peut les avouer; ſi on peut leur rapporter toute l'écriture ; ſi par leur moyen on peut reconnoître ſenſiblement ſes défauts & les corriger. Tels ſont, ſans vanité, ceux que je vais établir. Ils répondent au vœu de M. Pluche ; ils ſont ſimples, faciles à exécuter ; mais pour en retirer tout le fruit, il ne faut pas ſe permettre la moindre négligence.

Pratique des Principes.

15. Pour faire le parallélogramme indiqué (*fig. 11*), il faut commencer par la premiere ligne déliée qui va de droite à gauche, & la faire *par le mouvement des trois doigts qui tiennent la plume, en les écartant des deux autres ;* former la ligne perpendiculaire de haut en bas *en pliant les doigts ;* repaſſer de gauche à droite, *en rapprochant les trois premiers doigts des deux autres*, pour former le délié inférieur ; remonter de bas en haut, *en dépliant les doigts*, pour former le ſecond plein. On doit reconnoître

dans cet exercice les quatre mouvemens dont les doigts ſont ſuſceptibles.

Il eſt eſſentiel de tenir la plume de la même maniere pour les quatre côtés du quarré, toujours ſur le plein (13).

16. Les parallélogrammes apprennent donc à mettre la plume dans une poſition convenable, à former un jambage bien droit, bien égal, & à conduire la plume avec toute la légéreté poſſible en pareil cas. On connoîtra aiſément ſi on appuie trop ſur la plume, car alors le premier plein du parallélogramme ſera plus fort que le ſecond. La raiſon en eſt que la plume peut s'ouvrir beaucoup en deſcendant, & que la largeur du bec augmente; au lieu qu'elle demeure fermée en montant, & ne peut marquer que de la largeur naturelle du bec. Il faut donc qu'ils ſoient égaux : c'eſt le ſigne de la légéreté.

17. Il eſt fort à propos d'inſiſter long-temps ſur le parallélogramme, & de le faire juſqu'à ce que les deux déliés ſoient bien paralleles, qu'ils ſoient auſſi déliés qu'ils peuvent l'être; que les deux pleins ſoient auſſi paralleles, d'égale force & bien nets.

18. Pour faire les jambages d'égale force, il faut obſerver ce qui a été dit ci-deſſus (*16*). Je devrois peut-être le répéter ſouvent. Pour les faire bien nets, il faut avoir ſoin de poſer également les deux côtés du bec de la plume. On a vu ci-devant (1) que la plume éclabouſſe

ſi elle a un côté trop foible. La même choſe arrive ſi on ne poſe qu'un côté du bec, ou l'un plus que l'autre.

19. Du parallélogramme on paſſe tout naturellement à l'*o* : en effet l'*o* eſt un parallélogramme dont les angles ſont ſupprimés (*fig.12*) Pour former cette lettre, il faut raſſembler les quatre mouvemens dont il a été queſtion (15), tenir la plume ſur le plein comme pour le parallélogramme, & aſſujettir les doigts à la révolution circulaire. Si la plume eſt bien tenue & bien conduite, l'intérieur de l'*o* repréſentera un ovale régulier ; on verra un délié en haut & un autre en bas qui commenceront à deux points oppoſés ſuivant une ligne perpendiculaire ; les deux pleins ſe répondront auſſi, mais ſuivant une ligne oblique. Au reſte il faut examiner cette lettre dans toutes ſes parties ; car cela peut conduire plus directement à ſa formation & à celle des autres lettres qui en dérivent.

20. J'ai dit que l'*O* dérivoit du parallélogramme & ſe formoit de même à pluſieurs égards : voyons ce qu'il a de ſemblable. Ces deux caracteres ne ſe reſſemblent exactement qu'au milieu de leurs quatre côtés (*fig. 11 & 12*). Ces quatre points ſont deux déliés & deux pleins, comme on vient de le voir. Voilà ce qui tient du parallélogramme. Mais que trouve-t-on entre ces points ? Entre le premier & le ſecond un plein naiſſant (*a fig. 13*) ; entre le

ſecond & le troiſieme un plein parfait (*b*) (10); entre le troiſieme & le quatrieme un ſecond plein naiſſant (*c*) ſemblable au premier; entre le quatrieme & le premier un autre plein parfait (*d*).

Il réſulte de cet examen & de la connoiſſance des effets de la plume, que l'on ne doit point terminer l'*o* par un plein parfait comme on le voit par celui qui ſert à former l'*a* (*fig. 15*), mais par un plein changé tout-à-coup en un délié qui joigne le premier; en un mot, qu'il faut que le ſommet reſſemble à la baſe, autant qu'il eſt poſſible.

21. Après avoir fait le parallélogramme & l'*o* de la maniere que je viens d'indiquer, il ſera fort à propos auſſi de les faire à rebours, allant du premier côté au quatrieme, & ainſi de ſuite. On ne tardera pas à en ſentir l'utilité.

22. Il faut paſſer delà à un parallélogramme quatre fois plus grand; & pour en tirer tout l'avantage poſſible, on établira ſa baſe comme l'indique la figure 31. Pour entretenir la comparaiſon, il faudra, pendant quelque temps, en faire un petit & un grand à côté l'un de l'autre. On ſait que le petit ſe commence avec les doigts un peu arrondis, le haut de la plume entre les deux dernieres jointures, & ſe fait par le ſimple mouvement des doigts. Le grand étant plus élevé, faudra-t-il porter la main plus haut pour ſe mettre à portée de le commencer? Point du

tout : il faudra laiſſer la main comme elle ſe trouve pour former le petit, & étendre les doigts : cela ſeul fera atteindre l'endroit où il faut commencer, & leur donnera le moyen de ſe plier beaucoup ; ce qui allongera ſuffiſamment le jambage.

23. Le mouvement des doigts pour les deux déliés ne ſuffira plus : il faudra employer celui du poignet, qui conſiſte à faire paſſer la main entiere de droite à gauche & de gauche à droite, le bras reſtant immobile.

24. Enfin, pour procéder de ſuite, après avoir fait un petit parallélogramme, il faut allonger les doigts pour porter le bec de la plume une fois plus haut (la plume ſe couchera & approchera de la derniere jointure) ; faire paſſer à gauche la main entiere en cet état pour faire le premier délié ; plier les doigts pour faire le premier plein ; faire repaſſer la main à droite pour faire le ſecond délié ; & déplier les doigts pour faire le ſecond plein. Il ſera cependant plus à propos de s'efforcer de faire cet exercice par le mouvement des doigts ; car l'*o* qui en réſultera, ne pourra bien ſe faire que par ce mouvement. De ce parallélogramme on formera donc un *o* (*fig.* 32) ; & on les fera l'un & l'autre dans les deux ſens.

25. On terminera cet article de principes par le même parallélogramme, mais placé au deſſous de la ligne de baſe (*fig.* 37). Il faut ar-

rondir les doigts, dreſſer la plume comme à la fin du premier plein du petit parallélogramme ; paſſer la main de droite à gauche par le mouvement du poignet (23 & 24) ; faire le premier plein en pliant encore les doigts ; repaſſer la main à gauche pour faire le ſecond délié, & remonter en dépliant les doigts, pour former le ſecond plein. Avec ce parallélogramme il faudra faire des *O* en deſcendant le plus ſouvent à rebours, comme ci-deſſus. Ce dernier exercice pourra être un peu pénible ; mais l'avantage qui en réſultera, doit faire ſurmonter la difficulté.

Comment toutes les Lettres dérivent des principes ci-deſſus.

1°. *Des Lettres ſans tête & ſans queue.*

On a vû (19) que l'*o* dérivoit du parallélogramme ; il reſte à faire voir que toutes les autres lettres dérivent de l'*o*.

26. L'*i* voyelle étoit autrefois formé de la premiere partie de l'*o* avec une eſpece d'apoſtrophe à la tête, comme on le voit dans le caractere gothique ; mais par degré on l'a fait comme nous l'avons aujourd'hui (*fig. 14*) : c'eſt une ligne droite terminée par une liaiſon.

Manieres de faire les liaisons.

27. La ligne droite qui fait le jambage de l'*i* étant bien perpendiculaire, il faut que le pouce, toujours mollement appuyé sur la plume, la fasse tourner en dedans, de maniere à la mettre sur l'angle gauche: cela seul, fait avec douceur, formera le tournant qui est au pied des jambages: la plume étant dans cette position, le pouce, en se dépliant la fera remonter, & formera nécessairement la liaison. Il faut bien se garder de pousser la plume brusquement pour faire les liaisons: on doit la conduire avec beaucoup de douceur & de légéreté.

28. Voilà la maniere de faire les liaisons dans l'écriture posée; mais il faut de la prévoyance. Un jour on écrira vîte, & on ne prendra plus le temps de tourner la plume; il est donc à propos de s'accoutumer aussi à les faire plutôt en soulageant la plume qu'en la tournant sur l'angle.

De quelque maniere que l'on fasse les liaisons, il est bon que les Éleves les conduisent quelque temps comme l'indique la figure 14, lorsqu'ils feront des *i* isolés.

On a coutume de faire avec le tranchant de la plume, un trait délié, par lequel on commence les jambages: c'est pour l'agrément, & pour s'assurer si la plume est dans une bonne position.

29. Avec l'*o* & l'*i* on peut former l'alphabet entier, qui aura, à peu près, ces dimensions: une lettre ſans tête & ſans queue aura quatre becs de plume de hauteur & autant de largeur (*fig. 6*).

30. L'*a* eſt composé de l'*o*, & de ſa premiere moitié (*fig. 15*) ou d'un *i* ordinaire un peu adouci à la tête par un mouvement ſemblable à celui du commencement de l'*o* (*fig. 16*).

31. Le *c* (*alphabet*) eſt un *o* commencé au point *d* (*fig. 13*), & terminé par une liaiſon qui ſuit le délié inférieur.

32. L'*e* a beaucoup varié. Il dérive du *c* : on tiroit de la tête de cette lettre au milieu de ſon corps une ligne droite déliée, que l'on a changé en rondeur dans l'écriture ronde (*fig. 17*); aujourd'hui on le commence par un plein naiſſant, qui part du milieu (imaginé) de la lettre, & l'on fait le reſte du corps comme le *c* (*alph*). La tête de l'*e* doit donc faire la moitié du corps.

33. L'*n* (*alph.*) eſt formée de deux *i* que l'on arrondit peu par le bas (moitié moins), afin de pouvoir porter la liaiſon du premier à la tête du ſecond. L'arrondiſſement de l'*i* fait environ le quart de ſa longueur : celui des jambages de l'*n* ne fera que le huitieme. Trois pareils jambages forment l'*m* (*alph.*)

34. L'*n* finale (*fig. 28*) a cinq becs de plume de largeur, & deſcend au deſſous de la ligne de baſe de la longueur d'un corps de lettre. Cher-

chons ſon origine, non-ſeulement pour elle, mais pour toutes les formes qui auront cette largeur.

35. Avant que d'établir le principe des lettres à queue comme on le voit par les figures 37 & 38, on le plaçoit, ſuivant le plus ancien uſage, comme le marque la figure 36. On faiſoit l'*o* ſous la forme d'une majeure (*même fig.*), & dans les deux ſens, ou au moins la premiere partie dans le bon ſens, & la ſeconde à rebours. De cette ſeconde partie l'on formoit l'*j* conſonne, que l'on employoit à la fin des mots pour l'*i* voyelle.

L'*n* étant formée de deux *i*, il n'eſt point étonnant que l'on ait formé ſa ſeconde partie de cet *j* conſonne; mais aujourd'hui cet *j* n'étant plus fondé en principe, & d'ailleurs les Grammairiens ne l'employant plus pour l'*i* voyelle, il ne doit point être employé comme caractere final; l'*n* finale doit donc être ſupprimée.

36. L'*r* (*fig. 18*) eſt formée de la moitié de l'*o* ordinaire précédée de la moitié d'un très-petit *o*, ou plutôt de la moitié inférieure de l'*o* qui eſt à la tête de l'*e* (*fig. 17*). (1) La tête de cette lettre doit avoir quatre becs de plume de

(1) Il ſemble qu'il auroit fallu donner pour principe un *o* quatre fois plus petit que l'ordinaire; mais c'auroit été, je crois, dégénérer en minuties.

largeur, & les deux parties doivent être d'égale hauteur. Elle ne doit jamais être miſe à la fin d'un mot.

37. L'*r* finale (*fig.* 19) eſt formée d'un *i* & de la ſeconde moitié de l'*o*. Elle eſt belle & très-aiſée.

38. Il y a une autre *r* (*fig.* 20) qui eſt très-gothique & de très-mauvaiſe grace. Elle ne doit ſe mettre qu'au milieu d'un mot, après les lettres *o*, *p*, *v*: elle eſt fort mal après d'autres lettres, & ſur-tout au commencement d'un mot. Sa premiere partie fait les deux tiers de ſa hauteur.

39. La lettre *s* (*fig.* 23) eſt difficile; mais on peut trouver dans ſon hiſtoire les moyens de la faciliter. On a commencé à la faire comme elle eſt dans le caractere romain, & on la faiſoit dériver de l'*o* (*fig* 21); enſuite on a fait ſa tête de moitié moins large, & pour lui donner plus de grace, on l'a élevée au deſſus de l'*o* (*fig.* 22). Enfin pour la ſimplifier encore, on a ſupprimé la moitié de cette tête: ce qui en reſte doit répondre au milieu du corps (*fig.* 23).

Pour faire l'*s*, il faut faire un liaiſon oblique, & l'élever un peu au deſſus des autres lettres, deſcendre ſur cette liaiſon juſqu'à leur hauteur, & former le corps à peu près comme les trois quarts d'un *o* à rebours.

Quand on boucle l'*s*, elle n'a que la moitié de la largeur (*alphabet*).

40. Il y a deux *s* finales : la premiere est formée de l'*e* (*fig. 17*), auquel on ajoute la premiere moitié de l'*o* (*fig. 24*). La seconde est composée de la premiere moitié de l'*o* faite à rebours, & de cette même moitié faite dans le bon sens (*fig. 25*). Elle ne se fait qu'après une lettre à liaison, & de cette sorte : on fait cette liaison en tenant toujours la plume à face, on l'éleve à un quart de la hauteur de la lettre, on redescend perpendiculairement en formant un point, ou un bouton, sur lequel on remonte tenant toujours la plume à face, &c. On boucle souvent la tête, mais rarement le bas.

41. Le *t* (*alph*) n'est autre chose qu'un *i* surhaussé de moitié ; sa petite barre se fait avec le tranchant de la plume fort à face & à la hauteur des autres lettres.

42. Le *t* final (*fig. 26*) ne doit avoir que la hauteur ordinaire ; & sa barre est mieux comme on le voit que tout au bas.

43. L'*u* voyelle (*alph*) est formé de deux *i* voyelles, la liaison du premier rentrant vers le milieu du second.

44. Il y a deux sortes de *v* ou d'*u* consonnes : l'un initial, l'autre médial. Le *v* initial (*fig. 27*) n'est point difficile : il s'agit seulement d'autoriser la largeur de cinq becs de plume que l'on donne à son commencement.

On observe dans les anciennes écritures que

le *b* & le *v*, qui ont toujours eu beaucoup d'affinité, étoient formés de la ſeconde partie de l'*o* (*fig.* 36) faite à rebours, rapportée ſur l'*o* mineur ou l'*r* finale, comme l'indique cette même figure. Ainſi il ne ſera point étonnant que l'on ait conſervé la largeur en diminuant la hauteur, ſi l'on fait attention que les anciens ne faiſoient rien ſans principes.

Le *v* médial (*alph.*) eſt moins aiſé, au moins quant à la premiere partie; car la ſeconde eſt la même que celle de l'*o*. On le fait mieux en tenant la plume un peu plus de côté; car alors le bas eſt plus aigu, la premiere partie finit par un plein parfait, & la ſeconde commence par un délié.

45. L'*x* (*alph.*) eſt formé de deux *c* adoſſés, le premier renverſé, le ſecond droit.

46. Le *z* (*alph.*) eſt formé de la premiere partie de l'*r* (*fig.* 18), d'un délié oblique, & de cette premiere partie faite à rebours, quand il eſt au milieu d'un mot; car quand il eſt à la fin, on le termine par un trait de cinq becs de plume d'étendue, d'après la regle ſuivante.

47. Quand une lettre qui ſe termine ordinairement par une liaiſon, ſe trouve à la fin d'un mot, on peut ſubſtituer à cette liaiſon le commencement du *v* (*fig.* 27). comme on le voit par l'*e* (*fig.* 30) &c.

DES

2°. *Des Lettres à tête.*

Le parallélogramme (*fig. 31*) & l'*o* qui en dérive (*fig. 32*) ſont les principes des lettres à tête; ainſi après les avoir pratiqués comme il a été dit (22), on n'éprouvera aucune difficulté.

48. Le *d* (*fig. 33*) eſt formé des trois quarts de l'*o* mineur & d'une portion du grand *o* (*fig. 32*), ou bien, de la ſeconde partie de cet *o* rapportée ſur l'*o* mineur. Cette figure 33, en démontrant le *d* mineur, offre à la vue l'origine des deux ſortes de *D* majeurs.

49. Le quatrieme côté du parallélogramme rapporté ſur l'*o*, forme le *b* (*fig. 34*); rapporté ſur l'*n* finale, il forme l'*h*; rapporté ſur l'*i*, il forme l'*l*. Mais dans une écriture appellé Ronde, pouvoit-on ſouffrir les lignes droites? On a voulu tout arrondir; (1) c'eſt pourquoi ces lettres commencent par la moitié du *c*. Quand elles ſont au milieu d'un mot, on fait une boucle à leur tête, & cette boucle

---

(1) Il eſt aiſé de voir que ceci n'eſt point un paradoxe. L'*e* briſé (*fig. 17*), l'*s* finale (*fig. 24*) & les lettres à tête, prouveroient aſſez le ſoin qu'on a eu de multiplier les rondeurs, ſi on ne pouvoit obſerver d'ailleurs que de toutes les queues de lettres il n'y en a qu'une qui ſoit conſtamment en ligne droite, ſavoir celle du *q*, & même qu'elle a été autrefois arrondie; ce qui le rendoit tout ſemblable au *g*.

comprend la moitié de leur longueur, comme celle de l'*e*. Voyez le *b* (*alph.*)

50. On se servoit & on se sert encore de l'*n* finale pour former l'*h*; mais cette *n* devant être rejettée, l'*h* qui en est formée se trouve dans le même cas. Toute discussion à part, je fais l'*h* comme on la voit dans l'alphabet. *Voyez cette lettre & le* p *dans la Bâtarde.*

51. Il y a encore une autre sorte d'*s* (*fig.* 35); mais elle n'est qu'initiale. Elle dérive du grand parallélogramme comme la premiere dérive du petit. On la courbe, ou on la fait droite; mais il est rare que l'on donne à sa partie inférieure deux corps de largeur, sans doute parce que cela est moins facile.

On n'est point fondé à convertir cette lettre en *f*, en y ajoutant une barre, parce que la barre ne convient qu'aux parties rapportées, comme au *t*, à l'*f*, (*derniere ligne de ronde*), & à d'autres caracteres dont on la supprime. On ne doit point non plus changer l'*f* en *ſ*, en supprimant sa barre.

3°. *Des Lettres à queue.*

On a déjà vu [35] que la figure 36 étoit autrefois le principe des lettres à queue. Dans ce systême les queues devoient être moins longues que les têtes; ce qui répugne à la vue & à la vivacité que les doigts acquierent dans l'action : auſſi n'étant point autoriſé à leur donner de la longueur, on les arrondiſſoit toutes [49] ; & même on les prolongeoit quelquefois horizontalement, comme on le voit par l'*ſ* [*ſeconde ligne de l'ancienne Ronde*].

Aujourd'hui les queues dérivent du parallélogramme [*fig.* 37] & de l'*o* qui en eſt formé [*fig.* 38], comme on va le voir.

52. L'*i* conſonne [*fig.* 39] eſt formé de l'*i* voyelle dépouillé de ſon arrondiſſement & de ſa liaiſon, de la moitié du quatrieme côté du parallélogramme, & de la moitié inférieure de l'*o*. Il eſt toujours bouclé (*alph.*)

Cette queue, à commencer du point *a*, ſubſtituée à la liaiſon de l'*a* (*fig.* 16) forme le *g* (*alph.*).

53. Cette même partie, ou le quatrieme côté du parallélogramme, rapporté à l'*r* finale [*fig.* 19] forme le *p*. Dans la pratique on forme un *i* conſonne, ou une ligne droite, & l'on y ajuſte l'*r* finale, ou une portion de cette lettre.

54. Le *q* [*alph.*] eſt formé de l'*a* [*fig.* 16] & du quatrieme côté du parallélogramme.

55. L'*y* grec [*alph.*] eſt formé de la premiere partie de l'*u* conſonne & de l'*i* conſonne penché.

56. L'*ſ* eſt la ſeule lettre qui ait tête & queue : elle eſt formée de la tête du *b*, & de la queue de l'*i* conſonne.

Voilà ce que je puis dire ſur chaque lettre

dans cet ouvrage. J'ai obmis plusieurs formes gothiques, difficiles & inutiles, qui ne sont propres qu'à répandre de l'obscurité sur l'écriture. J'ai suivi en cela l'exemple de *M. Guillaume*, Directeur de l'Académie d'Écriture en 1772, l'un des plus anciens d'entre nous, & au moins l'un des plus sensés & des plus habiles. Il a rejetté de plus l'*e* brisé [*fig* 17], l'*r* finale [*fig* 20] l'*s* finale [*fig*. 24], l'*n* finale,& l'*h* qui en dérivent. Cette réforme fondée sur de très-bonnes raisons [auxquelles on peut ajouter celles que j'ai apportées [35 & 50]] a été approuvée : il en a été question dans les discours lus à la rentrée de l'Académie, en Novembre 1772, en présence de M. le Lieutenant Général de Police, & de M. le Procureur du Roi qui en a demandé l'impression. On ne peut mieux sentir l'utilité de cette réforme, qu'en comparant l'ancienne ronde & celle qui en résulte. C'est pourquoi j'ai ajouté à la premiere planche deux lignes de chaque espece.

Conclusion des Principes ci-dessus.

Si l'on pouvoit écrire librement avec la plume tout-à-fait à face, on pourroit former un quarré parfait ou un parallélogramme rectangle [*fig*. 6] par les quatre mouvemens des doigts [15] ; & ce seroit le vrai principe de l'o: mais étant obligé de tenir la plume oblique, ment, il ne peut en résulter qu'un parallélogramme non rectangle [*fig. 11*] qui ne peut poser sur la ligne de base que du milieu de son délié inférieur. On donne au bec de la plume & à sa position un huitieme d'obliquité; par conséquent les déliés du parallélogramme doivent avoir un huitieme d'obliquité; par conséquent le premier plein doit descendre d'un huitieme au dessous de la ligne de base, & le second s'élever d'autant au dessus de la hauteur du corps : le parallélogramme [*fig. 31*] étant double du premier pour la largeur & la hauteur, on doit trouver un quart d'obliquité dans ses déliés, son premier plein doit descendre d'un quart au dessous de la ligne de base, & le second s'élever d'un corps & un quart au dessus de la hauteur des lettres sans tête & sans queue, comme on peut le voir. Delà on peut conclure que les têtes n'ont un corps & un quart qu'à cause de l'obliquité de la plume, & qu'elles n'auroient qu'un corps, comme le petit caractere romain, si l'on écrivoit aisément avec une plume tenue à face. On peut appliquer cette remarque à la figure 37 pour les queues des lettres.

Autres principes & regles appliquables aux trois Écritures.

Après avoir fait toutes les lettres de l'alphabet, dans quelque écriture que ce ſoit, il faut s'appliquer de nouveau aux plus difficiles, enſuite les lier & en compoſer des mots. Il eſt fort à propos auſſi de faire l'alphabet entier, obſervant la liaiſon, la diſtance des lettres, la rectitude des lignes, comme on va le voir.

Moyens d'écrire droit.

57. On pourra former des lettres paſſables ſi on les conſidere ſeules; mais il ſera un peu plus difficile d'en faire pluſieurs de ſuite ſur une ligne droite: les unes ſeront plus haut, les autres plus bas, &c. Il faut de bonne heure prendre l'habitude d'aller droit. En voici les moyens.

La main étant poſée légerement, comme il a été dit à l'article 7, il ſera facile de la faire gliſſer ſur le papier & d'aller droit, pourvu que l'on ſe propoſe au bord du papier un point que l'on veuille atteindre directement, & que l'on égaliſe les caracteres avec beaucoup d'attention. Pour les égaliſer, il faut ſe repréſenter deux lignes paralleles qui partent des deux extrêmités de celui qui précéde, leſquelles lignes on doit atteindre, ſans les paſſer, bien entendu que ces caracteres n'ont ni tête ni queue.

On écrit de travers, parce qu'au lieu de faire gliſſer la main ſur le papier, on la porte, & qu'on la porte plus haut ou plus bas.

On écrit encore de travers lorſqu'on tient

le papier dans cette mauvaiſe poſition. J'avoue que l'on peut aller droit; mais ce n'eſt qu'en tenant mal le corps ou la tête : & comme il eſt difficile d'indiquer & d'atteindre l'inclinaiſon qu'ils doivent avoir pour répondre à la mauvaiſe poſition du papier, & que cette poſture eſt toujours gênante & déſagréable, le meilleure parti eſt de tenir le papier, le corps & la tête bien droits.

La ligne monte ſi le bras droit eſt trop écarté du corps, ou ce qui revient au même, ſi la main eſt tournée trop en dedans. Elle deſcend ſi le bras eſt trop près du corps, ou la main tournée en dehors; en conſéquence on peut redreſſer une ligne en ouvrant ou reſſerrant le bras.

On écrit encore de travers parce que l'on ſe trompe ſur la hauteur des lettres. Cela arrive volontiers dans la lettre *c*, parce que le commencement de ſa tête eſt au deſſous de ſon ſommet : il eſt un quart plus bas; il faudra donc commencer cette tête un quart plus bas que l'endroit juſqu'où il faudra l'élever.

Il faut obſerver la même choſe pour les lettres qui ſe forment de la tête du *c*, pour l'*e*, dont la tête fait la moitié du corps, & pour les têtes bouclées.

En parlant de l'*e* je ne puis me refuſer à une obſervation. On a coutume de le *pocher* ou de lui faire une trop grande tête, parce que l'on conduit directement la liaiſon & que cette liaiſon eſt plus ou moins inclinée. Pour éviter ces deux inconvéniens, il faut élever la liaiſon juſqu'au milieu du corps [*fig.* 30], l'abandonner un inſtant, mettre la plume ſur le plein, faire l'*e* comme s'il étoit ſeul, en le commençant néanmoins auprès de la liaiſon, & en faire paſſer le corps ſur le commencement de la tête & la fin de cette liaiſon. Cette opération ſera un peu longue; mais l'habitude l'abrégera : au lieu de faire deux lignes différentes & détachées, la liaiſon & le commencement de l'*e*, on pourra faire une ligne briſée [*fig*. 30], une partie avec l'angle gauche, & l'autre avec les deux enſemble.

On ſe trompera encore ſur la hauteur ſi, ayant fait une ou pluſieurs lettres à tête, on perd de vue la lettre précédente qui doit régler.

58. Faire gliſſer légerement la main ſur le papier, autrement dit *dégager*, ne ſe borne pas au ſeul avantage de conduire une ligne bien droit : cette attention conſerve à la main ſa poſition, ſon aiſance; pourvu qu'on ne ſe contente pas de faire gliſſer les doigts ſeuls, mais la main entiere & en même temps, & que la main gauche tire le papier ſous elle, de maniere à mettre l'endroit où l'on a à écrire à portée de la main droite. Car ſi le papier eſt un peu large, il y a bien de la différence entre le com-

mencement & la fin d'une ligne ; & la main ſe trouveroit dans deux poſitions oppoſées. Il faut donc avoir une table ſur laquelle le papier puiſſe bien gliſſer. Il ne faut pas ſe contenter de dégager le poignet deux ou trois fois dans une ligne : en général il faut le faire à chaque lettre, & même à chaque jambage.

De la diſtance des Lettres.

59. On obſerve quatre degrés de diſtance entre les lettres dans toute écriture.

1°. Entre toutes les lettres formées de jambages même diſtance qu'entre les deux jambages d'une *n* ou d'un *u*. *Voyez les lettres* h i j l m n [*alphabet*].

2°. Entre une rondeur & un jambage un peu moins, n o p. [*alph*].

3°. Entre deux rondeurs encore moins, b c, d e, p q. [*alph.*]

4°. Les lettres formées de la premiere partie de l'*o* ſe mettent fort-près des rondeurs qui les ſuivent. Ce ſont des rondeurs imparfaites qui toucheroient les autres ſi elles étoient achevées. *Voyez les lettres* c d [*alph.*].

Des Liaiſons.

60. Les lettres qui n'ont qu'un corps reçoivent la liaiſon au milieu *excepté* l'*m* & l'*n* dans toute

écriture & l'*r* dans la batarde. Les raiſons de cette exception ſe tirent de la batarde. Dans les *n*, par exemple, la ſeconde partie tient à la premiere par une liaiſon qui ſort du milieu du corps : ſi l'on y portoit une autre liaiſon, elle ſembleroit paſſer par le premier jambage & n'en faire qu'une avec celle du ſecond ; ce qui répugne.

Les lettres à tête bouclée ou droite la reçoivent un peu au deſſus du corps. [49].

Qu'ai-je encore à dire, ayant parlé de la forme des lettres, de leur diſtance, de leur liaiſon ? Avec des caracteres un Imprimeur compoſe des mots, des phraſes, des diſcours : quand on a appris à en former, on peut faire la même choſe. On peut donc s'accoutumer à écrire des mots, à exprimer ſes penſées ou à tranſcrire celles des autres & à le faire avec ſoin. (1) Il faut ſéparer ces mots, laiſſer place

(1) Je ne parle point de l'enſeignement des claſſes : il eſt ce qu'il peut être. Mais je crois faire aſſez entendre qu'en enſeignant en particulier on peut ſuivre une autre marche, ſelon le ſavoir du Maître & de l'Éleve. Si le Maître eſt habile en quelqu'autre choſe que l'écriture, il indiquera une phraſe ou deux ſur quelque ſujet conforme à l'état de l'Éleve : ſi au contraire l'habileté eſt du côté de l'Éleve, il écrira ce qu'il aimera le mieux : le Maître entretiendra la maniere d'écrire, corrigera le vices de l'écriture, & ne donnera ſes exemples qu'aux Sujets incapables de réunir pluſieurs avantages.

entr'eux pour une lettre ordinaire; écarter les lignes également, & laisser entr'elles quatre ou cinq corps de distance.

Des Majeures.

Le parallélogramme [*fig. 41*], qui est seize fois plus grand que le premier, ou quatre fois plus grand que le second, est le principe des majeures. Il faut le faire par le mouvement des doigts; mais en leur donnant une grande étendue, & exécutant ce mouvement avec beaucoup de légereté; en former ensuite un *O* de la même maniere, puis le *C* [*fig. 42*].

Du *C* l'on forme le *G*, en lui ajoutant l'*j* bouclé, que l'on place de maniere à pouvoir recevoir au milieu de son corps la liaison de cette premiere lettre.

Le *G* pourroit assez démontrer que les majeures tirées du parallélogramme indiqué ne sont point trop grandes. Mais je laisse la difficulté. Ceux qui blament cet excès, l'employent sans y penser: s'ils le rejettent, il n'y a pas grand mal.

Les Inventeurs ou les Correcteurs de l'écriture moderne ne se sont proposé d'abord dans la formation des majeures, que d'imiter les majeures romaines; en conséquence par-tout où ils ont vu la ligne perpendiculaire, ils ont employé la ligne que nous appellons mixte [*fig. 43*] qui paroît dériver de l'*O* comme l'*s* [*fig.* 21 & 35]. Ils ont ajouté à cette ligne des formes analogues au caractere romain & à notre maniere de tenir la plume, & des contours agréables dont leur goût a été la regle.

Je ne parle point de ces lettres bizares qu'on avoit imaginées, je ne sais pourquoi; mais de celles dont on se sert aujourd'hui en batarde & en coulée. On peut s'en servir également en ronde, en les tenant perpendiculaires & plus arrondies, comme il est marqué par le principe [*fig.* 41.] C'est pourquoi ce qui est dit ici, doit s'entendre des majeures des trois écritures. On trouve sur la premiere planche quelques majeures qui convenoient à la ronde, mais qu'on ne pourra désormais adopter. Il faut consulter l'alphabet de la seconde planche, & le copier long-temps avec une plume plus ou moins grosse, suivant le besoin.

On s'est écarté peu-à-peu du caractere romain, sans doute parce que son imitation étoit lente: on a cherché à réduire les traits à l'unité; c'est ce qui a produit des formes singulieres, que l'on pourroit nommer secondes & même tierces. Par exemple, l'*E* premier ayant été trouvé trop lent, parce qu'il est composé de trois ou quatre traits, on a imaginé l'*E* second, qui est fait d'un seul trait, à la vérité, mais qui ne contient qu'imparfaitement les parties saillantes qui doivent constituer cette lettre. Dans la formation du troisieme, qui a été imaginé pour simplifier le second, on a totalement oublié le premier; ainsi d'autres lettres.

Quoiqu'il en soit, quand on sait faire ces majeures posément, ce qui demande du travail, il faut, mais par degré, les faire avec vivacité. Pour tirer avantage de cet exercice, il faut ne laisser aucune roideur au poignet, le soutenir beaucoup, être en état de faire glisser la main sur le papier très-légérement & dans tous les sens. Le mouvement du poignet est nécessaire, mais seulement pour aider à celui des doigts qui doit dominer; car si on ne fait les majeures que par le mouvement du poignet, comme il arrive souvent, on n'a point de sûreté, & elles sont infructueuses pour la main.

Les majeures, faites d'une maniere convenable, sont très-propres à donner à l'écriture de l'aisance & de la beauté, parce qu'elles façonnent singulierement les doigts & le poignet. Pour mettre le comble à cet avantage, il faut les employer beaucoup, les mettre au commencement de tous les mots, s'il est possible, (seulement en apprenant à écrire: autrement cela est ridicule.) Il faut de la sûreté & de la précision pour les mineures: il faut de la légereté & de la vivacité pour les majeures: en les faisant ensemble, elles se communiqueront ce qui leur est propre: on pourra parvenir à faire une mineure assez légerement pour pouvoir faire une majeure dans le moment, ſans changer de poſition, & à ne donner à la majeure que la vivacité qui ne peut nuire à ſa juſteſſe. L'écriture ſera par ce moyen tout ce que l'on pourra déſirer. Mais qui préſidera à cette opération? Il faudroit pour cela les Maîtres du dernier ſiecle, MM. Alais, Sauvage, Michel, Roſſignol, ou au moins ceux qu'ils ont donné à celui-ci, MM. Poiret, Jon, d'Autrépe, Roland, Paillaſſon, &c.

Il y a des lettres qui ſe font avec la plume tenue de côté, comme les premieres formes d'*E*, *L*, *N*, *V*, &c. & des parties de lettres, comme la tête de la premiere *F*, du premier *T*, &c. & lorſqu'on fait ces majeures en grand, il faut employer le mouvement du bras; mais ſans oublier de l'accorder avec celui des doigts. Cela conduit tout naturellement aux lettres capitales, qui different peu des premieres formes de majeures.

Des Capitales & des Traits.

Il y a ſans doute dans tous les Arts des parties agréables avec leſquelles on ſe délaſſe de ſon travail ordinaire ſans s'écarter de ſon objet. Dans l'écriture ce ſont les lettres capitales & les traits. Ces parties ne ſont pas ſeulement agréables à ceux qui les exécutent: elles décorent & relevent l'écriture, & ſont à ſon égard ce qu'eſt la ſculpture à l'égard d'un édifice. Dans les capitales & les traits il n'y a pas toujours ſymétrie; mais par cela même ils plaiſent davantage. On admire le contraſte des pleins & des déliés, le contour des lignes courbes, la hardieſſe des lignes droites. L'exécution demande beaucoup de travail, beaucoup de ſoupleſſe dans les doigts & le poignet, beaucoup de légereté dans le bras.

La plume à traits [*fig.* 4] doit être très-fendue, à proportion de ſa force: on ne l'évide point, afin de donner plus de conſiſtance à ſon bec, dont le bout doit être très-fin, coupé droit, & les deux côtés égaux.

On fait les capitales & les traits en tenant la plume ou à face, [*fig.* 52] ou de côté [*fig.* 49, 50 *&c.*] ou inverſe [*fig.* 40.]

On fera fort bien de débuter par les lignes ſpirales [*fig.* 44, 46 & 48] & par les lignes mixtes [*fig.* 45 & 47], & d'accorder le mouvement des doigts, du poignet & du bras.

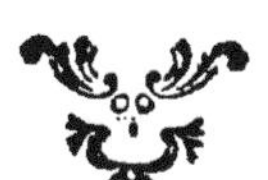

DE LA BATARDE.

POUR ne point trop répéter, je ſuis obligé de renvoyer à la ronde, pour y prendre ce qui convient également à la batarde.

Maniere de tailler la Plume.

Voyez l'article premier avec cette différence: pour la batarde le bec doit être coupé moins obliquement, un peu plus long, moins cavé au deſſous des carnes, & le grand tail une fois & demie plus long que le bec.

De la poſition du Corps.

Voyez l'Article 3.

Ayant une table comme il eſt dit à l'article 4, il faut ſe placer de maniere que le côté gauche en ſoit plus près que le côté droit; que le corps ainſi tourné ſoit ſoutenu par l'avant-bras gauche, le coude ſur le bord de la table & éloigné du corps d'en viron cinq doigts; que la jambe gauche ſoit plus avancée ſous la table; mais que les pieds ſoient poſés dans toute leur longueur; que le papier ſoit droit, & que le côté gauche réponde au milieu du corps quand on commence une ligne;

ligne; que la main gauche ſoit poſée deſſus pour le fixer & le diriger à meſure que l'on écrit; que le bras droit ſoit à quatre ou cinq doigts du corps, & qu'il n'avance ſur la table que la moitié de l'avant-bras tout au plus.

Voyez les articles 5 juſqu'à 14.

Pente de la Batarde.

On a fixé la pente de cette écriture à trois becs de plume, c'eſt-à-dire, qu'il y a trois becs de plume entre la ligne perpendiculaire & la tête d'un jambage [*fig. 1*]. Il faut donc obſerver deux ſortes d'obliquité, celle des lettres, qui eſt la pente, & celle du bec de la plume qui doit être moindre que pour la ronde.

Le moyen le plus ſûr de prendre le degré d'obliquité convenable, c'eſt de s'exercer d'abord à former des quarrés ou parallélogrammes ſemblables à celui qui eſt marqué ſur la ſeconde planche [*fig. 2*]. On peut remarquer que la ligne ſupérieure qui eſt déliée, eſt peu oblique, peu différente de la ligne horizontale, & en conclure qu'il faut tenir la plume peu oblique, peu éloignée de la ſituation à face. D'après cela il faut eſſayer de le copier (1).

61. Il faut commencer par la premiere ligne déliée qui va de droite à gauche, & la faire par

(1) Voyez l'avis qui eſt à la fin du livre.

le mouvement des trois doigts qui tiennent la plume, *en les écartant des deux autres ;* former le premier plein de haut en bas, *en pliant les doigts ;* repasser de gauche à droite, *en rapprochant les trois premiers doigts des deux autres*, pour former le délié inférieur ; remonter de bas en haut, *en dépliant les doigts*, pour former le second plein. On doit reconnoître dans cet exercice les quatre mouvemens dont les doigts sont susceptibles.

Il est essentiel de tenir la plume de la même maniere pour les quatre côtés du quarré, toujours sur le plein (13). *Voyez les articles 16, 17, & 18.*

62. Du parallélogramme on passe tout naturellement à l'*o* : en effet l'*o* est un parallélogramme dont les angles sont supprimés (*fig. 3*). Pour former cette lettre, il faut rassembler les quatre mouvemens dont il a été question (61), tenir la plume sur le plein comme pour le parallélogramme, & assujettir les doigts à la révolution ovale. Si la plume est bien tenue & bien conduite, on verra un délié en haut & un autre en bas qui commenceront à deux points opposés suivant une ligne oblique ; les deux pleins se répondront aussi suivant une ligne oblique. Mais il faut examiner cette lettre dans toutes ses parties ; car cela peut conduire plus directement à sa formation & à celle des autres lettres qui en dérivent. *Voyez l'article 20 & la fig. 4.*

63. Après avoir fait le parallélogramme & l'*o* de la maniere que je viens d'indiquer, il sera fort à propos aussi de les faire à rebours, allant du premier côté au quatrieme, & ainsi de suite. On ne tardera pas à en sentir l'utilité.

64. Il faut passer delà à un parallélogramme quatre fois plus grand; & pour en tirer tout l'avantage possible, on établira sa base comme l'indique la figure 13. Pour entretenir la comparaison, il faudra, pendant quelque temps, en faire un petit & un grand à côté l'un de l'autre. On sait que le petit se commence avec les doigts un peu arrondis, le haut de la plume entre les deux dernieres jointures, & se fait par le simple mouvement des doigts. Le grand étant plus élevé, faudra-t-il porter la main plus haut pour se mettre à portée de le commencer? Point du tout: il faudra laisser la main comme elle se trouve pour former le petit, & étendre les doigts: cela seul fera atteindre l'endroit où il faut commencer, & leur donnera le moyen de se plier beaucoup; ce qui allongera suffisamment le jambage.

65. Le mouvement des doigts pour les deux déliés ne suffira plus: il faudra employer celui du poignet, qui consiste à faire passer la main entiere de droite à gauche & de gauche à droite, le bras restant immobile.

66. Enfin, pour procéder de suite, après avoir fait un petit parallélogramme, il faut al-

longer les doigts pour porter le bec de la plume une fois plus haut (elle se couchera & approchera de la derniere jointure); faire passer à gauche la main entiere en cet état pour faire le premier délié; plier les doigts pour faire le premier plein; faire repasser la main à droite pour faire le second délié; & déplier les doigts pour faire le second plein. Il sera cependant plus à propos de s'efforcer de faire cet exercice par le mouvement des doigts; car l'*o* qui en dédérivera, ne se fera bien que par ce mouvement. De ce parallélogramme on formera donc un *o* (*fig. 13*); & on fera ces deux caracteres dans les deux sens.

67. On terminera cet article de principes par le même parallélogramme, mais placé au dessous de la ligne de base (*fig. 18*). Il faut arrondir les doigts, dresser la plume comme à la fin du premier plein du petit parallélogramme; passer la main de droite à gauche par le mouvement du poignet (65 & 66); faire le premier plein en pliant encore les doigts; repasser la main à gauche pour faire le second délié, & remonter en dépliant les doigts, pour former le second plein. Avec ce parallélogramme il faudra faire des *O* en descendant le plus souvent à rebours, comme ci-dessus. Ce dernier exercice pourra être un peu pénible; mais l'avantage qui en résultera, doit faire surmonter la difficulté.

68. On peut obſerver en général qu'on ne réuſſit dans une choſe qu'autant qu'on s'eſt appliqué à ce qui doit la précéder; en conſéquence l'Éleve raiſonnable s'arrêtera long-temps à ces principes, ſur-tout ſi le Maître lui en découvre l'utilité.

Comment toutes les Lettres dérivent des principes ci-deſſus.

1°. *Des Lettres ſans tête & ſans queue.*

69. On a vû (62) que l'*o* dérivoit du parallélogramme ; il reſte à faire voir que toutes les autres lettres dérivent de l'*o*.

70. L'*i* voyelle étoit autrefois formé de la premiere partie de l'*o* avec une eſpece d'apoſtrophe à la tête, comme on le voit dans le caractere gothique; mais par degré on l'a fait comme nous l'avons aujourd'hui (*fig. 1*) : c'eſt une ligne droite terminée par une liaiſon. *Voyez la maniere de faire les liaiſons*, (27 & 28).

71. Le *c* (*alphabet*) eſt un *o* commencé vers le point *d* (*fig.* 4), & terminé par une liaiſon qui ſuit le délié inférieur.

72. L'*o*, l'*i* & le *c* concourrent à former l'alphabet, avec ces dimenſions: un corps d'écriture, ſoit de batarde, ſoit de coulée, doit avoir ſept becs de plume de hauteur, & cinq de largeur (*fig. 12*).

73. L'*a* (*fig.* 5) est formé du *c* & de l'*i*. Pour le bien faire, il faut rapporter la liaison du *c* à la tête, & appliquer l'*i* comme l'indique la figure.

74. L'*e* (*alph.*) n'est autre chose qu'un *c* auquel on ajoute un plein naissant, qui sort du milieu (imaginé) de cette lettre. La tête de l'*e* doit donc faire la moitié de son corps.

75. L'*n* (*fig.* 6) est très-facile; & comme elle se rencontre souvent, il faut apprendre à la faciliter encore. Au lieu de lever tout-à-fait la plume après avoir fait la premiere partie, & de la porter aussi-tôt au milieu, il faut, quand on est arrivé au pied du premier jambage, la mettre sur l'angle, & partir delà pour faire cette seconde partie (*fig.* 6.) Trois pareils jambages forment l'*m* (*alph.*)

76. L'*r* (*alph.*) est formée de la premiere partie de l'*n* & du commencement de la seconde.

77. La lettre *s* (*fig.* 9) est difficile; mais on peut trouver dans son histoire les moyens de la faciliter. On a commencé à la faire comme elle est dans le caractere romain, & on la faisoit dériver de l'*o* (*fig* 7); ensuite on a fait sa tête de moitié moins large, & pour lui donner plus de grace, on l'a élevée au dessus de l'*o* (*fig.* 8). Enfin pour la simplifier encore, on a supprimé la moitié de cette tête: ce qui en reste doit répondre au milieu du corps (*fig.* 9).

Pour faire l'*s*, il faut faire un liaison oblique, & l'élever un peu au dessus des autres lettres, descendre sur cette liaison jusqu'à leur hauteur, & former le corps à peu près comme les trois quarts d'un *o* à rebours.

78. Le *t* (*alph.*) n'est autre chose qu'un *i* surhaussé de moitié ; sa petite barre se fait avec le tranchant de la plume fort à face & à la hauteur des autres lettres.

79. Le *t* final (*fig. 10*) ne doit avoir que la hauteur ordinaire; & sa barre est mieux comme on le voit que tout au bas.

80. L'*u* voyelle (*alph.*) est formé de deux *i* voyelles, la liaison du premier rentrant vers le milieu du second.

81. Il y a deux sortes de *v* ou d'*u* consonnes: l'un initial, l'autre médial. *Voyez dans la ronde le reste des lettres sans tête & sans queue* (44, 45, 46 & 47.)

2°. *Des Lettres à tête.*

Le parallélogramme (*fig. 13*) & l'*o* qui en est formé (*fig. 14*) sont les principes des têtes, comme on va le voir.

82. Le *d* (*fig. 15*) est formé des trois quarts de l'*o* ordinaire & d'une portion de la seconde partie de l'*o* (*fig. 14*). *Voyez l'article* 48.

83. Le quatrieme côté du parallélogramme (*fig. 13*), rapporté sur l'*o*, forme le *b* (*fig. 16*);

rapporté ſur l'*n*, il forme l'*h* (*alph.*); rapporté ſur l'*i*, il forme l'*l* (*alph.*)

84. Il eſt une autre *s* (*fig. 17*) qui dérive du même parallélogramme, avec cette différence qu'elle ſe fait toute droite. *Voyez l'article* (51).

3°. *Des Lettres à queue.*

Le même parallélogramme & l'*o*, placés comme l'indiquent les figures 18 & 19, ſont les principes des queues.

85. Le *j* ou l'*i* conſonne (*fig. 20*), eſt formé de l'*i* voyelle dépouillé de ſa liaiſon, de la moitié du quatrieme côté du parallélogramme (*fig. 18*) & de la moitié inférieure de l'*o* (*fig. 19*). On le boucle le plus ſouvent (*alph.*)

86. La ſeconde partie de l'*a* eſt l'*i* voyelle : la ſeconde partie du *g* (*alph.*) eſt l'*i* conſonne rarement bouclé, & appliqué au *c* de la même maniere que l'*i* voyelle pour former l'*a*. (73).

87. Le *p* (*fig. 21*), eſt formé de l'*i* conſonne & d'un *c* renverſé. On boucle le plus ſouvent la ſeconde partie (*alph.*) & on fait la queue droite comme celle de la lettre *q*.

88. Il ne faut qu'un peu de réflexion pour voir que la ſeconde partie de l'*h* ne doit point être bouclée comme celle du *p* (*alph.*) : ce ſeroit ſuppoſer que cette ſeconde partie auroit

été ou pourroit être comme celle du *p* (*fig.* 21), ce qui ne peut être; car cela formeroit un *b*. D'ailleurs la ſeconde partie de l'*h* a toujours été un *i*.

89. Le quatrieme côté du parallélogramme (*fig.* 18), ſubſtitué à la liaiſon de l'*a*, forme le *q* (*alph.*)

L'*y* (*alph.*) eſt formé de la premiere partie du *v* (*fig.* 11) & de l'*i* conſonne.

Lettre à tête & à queue.

L'*ſ* (*fig.* 22) dérive, comme on le voit, de deux parallélogrammes. On ne doit point la transformer en *s*. *Voyez les articles* 57, 59 & 60, *& les majeures.*

DE LA COULÉE.

DEPUIS environ quarante ans la coulée eſt devenue l'écriture du plus grand uſage. Chacun veut l'acquérir au mépris des autres, ſans penſer qu'elle ne vient bien que par elles. Elle eſt moins belle, moins liſible que la batarde; mais elle eſt plus prompte. Voilà peut-être le ſeul avantage qui ait pu la faire préférer; & l'expérience montre tous les jours que cet avantage apparent eſt une perte réelle. Le vice de cette écriture eſt en elle-même & dans la maniere dont on veut l'apprendre. Mais de peur que mon témoignage ne paroiſſe inſuffiſant, je vais recourir à celui d'un de mes Confreres bien plus habile que moi. « Ce caractere, » dit M. Vallain, eſt ordinairement peu liſible, » fort angulaire, & n'eſt compoſé que de par» ties droites, toutes ſes lettres ſe tenant forte» ment attachées par le pied: comment une » telle écriture pourroit-elle préſenter quelque » beauté ?

» A peine un jeune homme a-t-il quelque » idée de la forme des lettres, qu'il veut écrire » la coulée, laquelle demandant beaucoup de » liberté, de fermeté & d'aſſurance, préſuppoſe » une main formée, mais n'eſt pas propre à

» donner ces mouvemens vifs & précis, qui » sont nécessaires pour la bien exécuter. Ce » jeune homme s'imagine savoir beaucoup » quand il peut ranger passablement ce carac- » tere & le rendre apparent ; il s'en contente & » croit que les autres sont superflus. Il n'a qu'une » main foible ; son écriture est chancelante, » maigre, égratignée & sans nulle consistance : » faute d'avoir digéré ses principes, il estropie » ses lettres à chaque instant ; c'est un bonheur » si son écriture reste lisible ».

» Malgré ces inconvéniens, continue M. Val- » lain, qui ne sont que pour ceux qui ne veulent » pas se donner le temps de savoir, la coulée a » son mérite ; une grande légereté, beaucoup » de liaisons, ses lettres bien détachées les unes » des autres ; ces avantages la dédommagent : » mais pour la bien exécuter, je le répete, il » faut avoir une main faite par les autres carac- » teres ; l'avoir écrite dans un degré de vitesse » modéré, avant que de se livrer à toute l'ar- » deur de la main. Pour lors cette écriture ac- » quiert quelques graces & beaucoup de liberté. » Etablie presque sur un quarré d'une légere » pente tous ses courbes étant bien précis, elle » semble emprunter la force de la ronde & l'é- » légance de la batarde ».

90. L'écriture coulée n'est autre chose que la ronde allongée & penchée. La batarde a déterminé cet allongement & cette pente:

néanmoins ſi on redreſſe un peu plus la coulée; elle en ſera plus belle & plus liſible.

91. Les lettres qui conviennent à la batarde & à la coulée pour la forme & la pente, ſont, *c*, *d*, *e*, *i*, *o*, *s*, *t*, *u*, *v*, *x* & *z*. On pourroit y joindre les lettres *a*, *g* & *q*, forméesdu *c*, mais quand on a appris la ronde, on peut également les former de l'*o*.

92. Les lettres à tête & à queue de la batarde conviennent à la coulée en les bouclant.

93. Les lettres différentes ſont *m*, *n*, *p*, *r* finale, & *s* finale. On trouvera dans la ronde la maniere de les faire, ſavoir *m* & *n* (33), *p* (53) *r* (36, *r* finale (37), *s* finale (40).

Quoiqu'il importe beaucoup en général de ſavoir former exactement les lettres, il ne faut pas ſe borner à ce ſoin: il faut, particulierement pour la coulée, s'appliquer à certains exercices qui puiſſent donner à la main une grande liberté & une certaine vigueur que l'on puiſſe modérer tout-à-conp par la douceur. La douceur dans le mouvement des doigts convient ſurtout aux rondeurs; le jambage, pour être apparent, demande plus de vivacité, plus de vigueur: voilà le mal; la fréquence des jambages accoutume à ce mouvement précipité; la réflexion ne lui réſiſte plus; tout ſe fait avec une égale viteſſe, tout ſe confond; & on ne reconnoît ſouvent dans l'écriture que l'intention de la produire. Il faut donc diſtinguer deux temps ou deux mesures, le mouvement vif & vigoureux pour les lignes droites, & le mouvement doux pour les courbes. Pour parvenir naturellement à cette distinction, il faut faire beaucoup de majeures comme il a été dit ci-devant page 45, & les passes que l'on trouve sur la seconde Planche, souvent avec une plume bien fendue ou la plume à traits.

Fragment de la troisieme Lettre du Pere.

Vous avez fixé l'attention de mes enfans; ils ont travaillé d'abord avec zèle & application : ils avançoient. Mais tout-à-coup ils se sont dégoûtés & relâchés. Je sais assez observer à présent pour en reconnoître la cause : malheureusement il est bien tard. Enseigner mal, laisser contracter de mauvaises habitudes, c'est, dites-vous, fermer l'entrée à la bonne écriture : mon fils aîné a toujours été dans ce cas; il falloit donc d'abord qu'il les vainquît, ses mauvaises habitudes. Il n'estime pas assez l'écriture : il falloit lui en démontrer l'utilité. Il est vif, présomptueux; il croyoit savoir écrire en peu de temps & avec peu d'efforts : il falloit modérer ce défaut. Aidez moi dans tout cela, si vous le croyez possible.

TROISIEME LETTRE
du Maître.

MONSIEUR,

J'AI à me reprocher la plus grande omiſſion. Je devois vous repréſenter d'une maniere très-particuliere que vous aviez dans votre fils aîné, non une main à former par les voies ordinaires, mais une main à réformer par une pratique très-adroite qu'il eſt plus facile d'avoir que de communiquer, ſur-tout par écrit. Je ne puis que vous donner des idées générales, & vous engager à ſuppléer par une attention qui vous eſt propre, à la vérité, mais qu'il ne faudroit pas manquer d'employer dans cette circonſtance.

Comme le Médecin guérit un malade, de même le Maître d'Écriture réforme une mauvaiſe main. Le Médecin cherche à connoître le mal & ſa ſource: de même le Maître d'Écriture. Le Médecin preſcrit la diete: le Maître d'Écriture doit interdire à ſon Éleve ſon écriture ordinaire. Le Médecin guérit ſouvent par le contraire: le Maître d'Écriture doit toujours prendre ce parti: il doit éloigner ſon Éleve du caractere qu'il exécute mal, & ne l'y ramener que lorſqu'il l'y trouvera diſpoſé. En contrariant ainſi la main, elle pourra tomber comme le malade affoibli par les remedes: ſoit; mais comme le malade revient peu à peu, & ſe fortifie ſainement par les ſoins du Médecin, de même la main ſe relevera par la vigilance du Maître, & tôt ou tard elle ſera meilleure. Je dis tôt ou tard, parce que cela demande du temps &

de la patience. On s'abuse grossierement quand avec la plus mauvaise main, une main absolument gâtée, on veut apprendre deux ou trois mois pour se perfectionner (car on ne parle jamais autrement) : on ne s'abuse pas moins lorsqu'on s'obstine à vouloir changer son écriture sans y renoncer, ce qui est contradictoire, & ce que l'on veut néanmoins tous les jours. Mais il est d'expérience que tout autre remede que celui que j'indique, est tout au plus palliatif.

N'êtes-vous pas effrayé, Monsieur ? Non sans doute : les moyens sont entre vos mains. Faites usage de la ronde & de la batarde : que M. votre fils cesse d'écrire sa mauvaise coulée : qu'il travaille de . . . . Je suis arrêté. Il n'aime point l'écriture ! comment l'y attacher ? Je rougirois de vous dire ce que vous devez faire pour cela ; c'est pourquoi je vais lui écrire à lui-même : si ma lettre vous paroît utile, je vous prie de la lui faire lire.

Cette circonstance vous rendra sans doute attentif dans la conduite que vous devez tenir à l'égard de votre second fils. Que je serois faché, si vous l'exposiez à subir un jour la peine dont son frere est actuellement excédé ! Je ne puis m'empêcher de vous faire part d'une réflexion qui m'occupe à ce sujet.

Les Parens éviteroient une grande difficulté, s'ils raisonnoient un peu mieux sur l'éducation de leurs enfans. Quand ils destinent un fils aux études, ils lui font donner quelques leçons d'écriture par un Maître quelconque. C'est assez pour apprendre le latin, disent-ils ; s'il avoit une belle main, il la perdroit ; il apprendra quand il sera sorti du collége. L'Enfant prend de mauvaises habitudes, & les entretient au moins six ou sept ans. Quel sera le Maître assez habile pour les déraciner toutes ? Quel sera l'Éleve assez patient pour le permettre ? S'il en avoit eu de bonnes, il auroit pû les perdre de vue, à la vérité ; mais seroient-elles si loin de lui qu'il ne pût les reconnoître lorsqu'on les lui représenteroit ?

J'écrivois de cette façon étant enfant, diroit le jeune homme : pourquoi ne le ferois-je pas encore à présent ? Les bonnes habitudes ne lui seroient point totalement étrangeres : il ne riroit point bêtement au nez du Maître qu'il auroit impatienté. On devroit donc faire apprendre aux enfans une écriture simple, la batarde, par exemple; leur donner l'habitude de la bien exécuter; puis les exercer à la faire un peu vîte; prendre bien garde aussi qu'ils n'écrivent trop fin; car, entr'autres inconvéniens, cela pourroit les porter à écrire du poignet. Rien n'empêche qu'un Maître ne les entretienne encore dans leur écriture lorsqu'ils seront au collége : les Principaux & autres supérieurs y consentiroient volontiers : les Professeurs ne seroient plus forcés d'oublier un Écolier qui ne peut lire un ouvrage qu'il a bien fait, mais mal écrit : cet Écolier ne perdroit point le fruit de son travail, la satisfaction du Professeur, la sienne, & l'émulation qui en résulte. Ayant pris d'abord les précautions nécessaires, une leçon par semaine suffiroit. Après leurs études les jeunes gens apprendroient facilement & promptement toutes les écritures, ne trouvant en elles rien d'étranger, rien de rebutant. Voilà, je crois, la maniere de rendre aux Avocats, Notaires, Procureurs, &c. des écritures supportables, aux Bureaux des Commis intelligens, &c. &c.

J'ai l'honneur d'être, &c.

A MONSIEUR B***. *Fils aîné.*

NOUS n'avons point d'obligation plus étroite que celle de faire ce qui nous est utile, lorsque cela est honnête & qu'on le demande de nous; & nous devons d'autant moins nous y refuser, que les reproches les plus cruels

cruels nous viendroient de nous-mêmes. Cette réflexion ſuffit à un jeune homme ſenſible pour l'engager à entreprendre ce qu'il y a de plus rude. Vous le feriez par obéiſſance, par cela même que vous êtes ſenſible; mais il eſt à propos que vous le faſſiez auſſi par goût : c'eſt à quoi je vais tâcher de contribuer.

Vous avez vû, ſans doute, dans la premiere lettre, que le goût pour l'écriture vient de ce qu'elle eſt utile ou agréable. Tout le monde ſent que l'écriture eſt utile; & l'on convient ſans difficulté qu'il importe à la plupart des hommes de la poſſéder dans une certaine perfection. Si je ne ſavois bien écrire, diſoit un homme d'état à ſon fils, je n'aurois pu avoir ſecrétement avec un grand Roi une correſpondance eſſentielle (ce qu'il diſoit principalement parce qu'il eſt indécent & dangereux d'adreſſer à un Supérieur une mauvaiſe écriture.) C'eſt parce que je ſais bien écrire, dit un infortuné Gentilhomme, que j'ai trouvé cette place, dans laquelle j'oublie la perte de mes biens & le faſte attaché à ma premiere condition. Un jeune homme veut faire ſon chemin dans le Bureau : s'il joint l'écriture aux autres qualités requiſes, à coup ſûr il ſera préféré. Suppoſons que la protection faſſe beaucoup, comme on le répete ſouvent, on n'oublira point pour cela l'homme de mérite; & le mérite conſiſte en partie dans la belle écriture. D'ailleurs la fortune du Protégé ne dure qu'autant que ſon Protecteur, tout au plus, & celle de l'habile homme dure autant que lui-même.

N'avez-vous jamais jetté les yeux ſur la vie humaine? N'avez-vous jamais remarqué ce qu'on appelle les caprices de la fortune, les coups du ſort? Cette partie d'éducation doit occuper vos loiſirs, vous qui voulez choiſir un état; je ſuis perſuadé que M. votre pere conſacrant les ſiens à cet objet, le fera fort utilement, parce qu'il ſait mieux que qui que ce ſoit l'hiſtoire de ſon ſiecle. Il réſultera delà que vous devez vous livrer à l'écriture, quand il ne ſeroit pas évident qu'elle dût vous être abſolument néceſſaire.

Je ſais bien, Monſieur, que vous n'aimez point ce talent; mais je n'en ſais point la raiſon. Il faut, en conſéquence, que je combatte toutes celles que vous pourriez croire ſuffiſantes. Je combattrai peut-être des chimeres. Eh! qu'importe, pourvu que je rencontre parmi elles la raiſon de votre dégoût? Pardonnez donc à mon zèle l'ennui que je puis vous cauſer, & les propos, peut-être inutiles, dans leſquels il m'engage.

Vous négligez d'apprendre à écrire, parce que vous n'aimez point l'écriture: ne penſeriez-vous pas d'après cela que ceux qui écrivent mal ne l'ont pas aimée plus que vous, & ne vous laiſſeriez-vous pas entraîner par un exemple qui n'exiſte que dans votre imagination? Si cela eſt, déſabuſez-vous, je vous prie. Il en eſt de l'écriture comme de la vertu & de tout ce qui eſt bon: chacun ſe ſent porté à l'aimer; & ſi on ne peut prendre ſur ſoi de travailler à l'acquérir à un degré convenable, on ne pardonne point aux autres cette négligence. S'il eſt quelqu'un qui paroiſſe ne la point aimer, qui ſera-ce? Un homme qui, ſe préſentant pour obtenir un emploi que certaines qualités lui donnoient lieu d'eſpérer, ne l'obtient pas néanmoins, parce qu'il écrit mal, & le voit accorder à un homme qui a une belle écriture. Un tel perſonnage devient furieux: il déteſte ſon heureux concurrent, parce qu'il poſſede un talent qui lui manque, & dans ſa fureur il mépriſe ſottement ce même talent qu'il voudroit avoir. Voilà la ſeule poſition, je crois, où l'on puiſſe s'aveugler juſqu'au point de témoigner du mépris pour l'écriture; & c'eſt celle dans laquelle je voudrois le moins vous voir.

Votre amour-propre enfin n'a-t-il pas été de la partie? Permettez-moi de vous dire ce que je penſe à ce ſujet. 1°. Vous avez cru pouvoir avancer dans l'écriture à pas de géant, parce que vous avez avancé de cette maniere dans vos études. Mais, Monſieur, l'aptitude aux opérations de l'eſprit, n'eſt point celle aux opérations des doigts. 2°. Parce, l'écriture eſt une choſe fort commune aujourd'hui, vous avez cru la ſaiſir ſans peine. Qui pourroit réſiſter en effet à un homme qui a bravé toutes les difficultés du Parnaſſe ? Détrompez vous auſſi à cet égard. Ceux qui ſavent écrire, l'ont appris en travaillant, & en travaillant beaucoup. Car il ne faut pas faire grand effort d'imagination, pour reconnoître que l'écriture n'eſt point innée dans l'homme ; que l'Auteur de la Nature ne lui a pas donné plus de diſpoſition pour cet Art que pour tout autre, & qu'il faut apprendre à manier la plume avec autant de ſoin qu'on apprend à manier le crayon, le pinceau, &c. Vous devriez ſentir vous-même, après tout, combien il eſt plaiſant qu'on ſoit étonné de ne pas ſavoir écrire après avoir travaillé ſix mois à l'Ecriture une heure par jour, & ſouvent moins, tandis qu'il faut trois, quatre, cinq ans pour apprendre le plus petit métier, &c. &c.

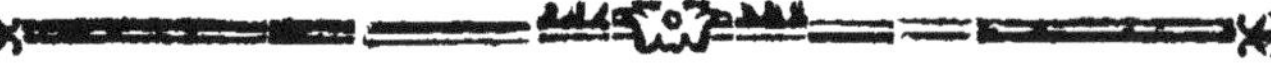

QUATRIEME LETTRE DU MAITRE,

CONTENANT de très-utiles Obſervations ſur l'enſeignement des jeunes Demoiſelles & des Enfants en général, &c.

VOUS allez enſeigner à écrire à une jeune Demoiſelle ; vous allez faire agir les doigts foibles & délicats d'un enfant : il vous faut des connoiſſances que l'expérience n'a pu vous donner. Je vous dirai ce qui convient aux Demoiſelles en particulier ; puis je paſſerai à ce qui regarde l'enſeignement des enfants en général. Je paroîtrai faire quelques répétitions ; mais ce ne ſera que pour vous intéreſſer davantage à ce que j'ai dit ci-devant, & pour l'appliquer aux enfants.

La position du corps convenable aux jeunes Demoiselles, est devenue un nouvel objet de soin pour les Maîtres. Celle des hommes (p. 48), ne leur convient point, parce qu'étant ordinairement emprisonnées dans un corps de baleine, il est à craindre qu'elles ne deviennent contrefaites, si elles sortent de l'attitude à laquelle cet habillement les contraint. Et quand il n'y auroit rien à craindre de la part de l'écriture, il faut prendre garde qu'on n'ait lieu de l'accuser: car si une jeune personne devient bossue, c'est dans l'âge où elle apprend à écrire. Une autre raison encore qui doit réveiller l'attention des Maîtres, c'est que la position des hommes donne aux Demoiselles fort mauvaise grace, & par conséquent beaucoup de répugnance pour l'Ecriture. « J'ai vu une » jeune personne, dit l'Auteur d'Emile, qui a appris à » écrire plutôt qu'à lire, & qui commença d'écrire avec » l'aiguille (mauvaise chose) avant que d'écrire avec la » plume. De toute l'écriture, elle ne voulut d'abord faire » que des *o* : elle faisoit incessamment des *o*, grands & » petits; des *o* de toutes les tailles; des *o* les uns dans les » autres, & toujours tracés à rebours. Malheureusement, » un jour qu'elle étoit occupée à cet utile exercice, elle se » vit dans un miroir, & trouvant que cette attitude con» trainte lui donnoit mauvaise grace, comme une autre » Minerve, elle jetta la plume, & ne voulut plus faire » des *o*. »

La position décrite page 16, est celle qui convient aux jeunes Demoiselles, excepté qu'elles doivent avoir les deux coudes hors de la table, les deux bras à égale distance du corps, & peu ouverts; car plus les coudes sont éloignés du corps, plus on est porté à se pencher en devant. Il faut que les Demoiselles tiennent le corps & la tête bien droits, se contentant de baisser les yeux pour fixer le bec de la plume. Vous observerez d'ailleurs tout ce qui est marqué dans les pages 17 & 18.

Vous ne manquez pas de voir, Monsieur, que mon avis est que Mademoiselle votre fille débute par l'écriture ronde. Je le desire pour trois raisons; 1° l'écriture perpendiculaire eſt la plus naturelle, & la plus conforme à la poſition qui convient aux Demoiſelles ; 2° la coulée étant aujourd'hui l'Ecriture la plus uſitée, elle ne peut avoir de meilleurs éléments que la ronde ; & on peut le dire aujourd'hui plus que jamais, vu la réforme de cette ancienne écriture ; 3° elle eſt plus propre qu'aucune autre à fortifier la main des jeunes Demoiſelles. Obſervez que ſi l'Ecriture des femmes eſt ſi aiſée à diſtinguer, c'eſt parce qu'elle eſt foible. Leur main a beaucoup plus de liberté que de force : elle court & n'inſiſte ſur rien : elle ne connoît point ce toucher vigoureux & hardi qui donne de l'éclat aux jambages, ni cette douceur qui donne de la régularité aux Rondeurs. Mais on éprouve que les femmes peuvent ſe mettre au niveau des hommes pour l'Ecriture, & que la ronde eſt, par ſa force & ſa forme, le moyen le plus efficace qu'elles puiſſent employer.

Après avoir été dans une poſition qui convient à l'écriture perpendiculaire, comment les Demoiſelles écriront-elles la bâtarde & la coulée ? Il faut les obſerver lorſqu'elles écrivent encore perpendiculairement, & ſaiſir la poſition dans laquelle on les verra pencher leur caractere, ſi toutefois il n'y a rien qui répugne. Avoir le bras un peu moins ouvert, la main tournée un peu en dehors, le papier un peu plus ſur la droite, ſuffit pour donner de la pente à l'Ecriture. Pour y donner lieu d'une maniere naturelle, je ne connois point de meilleur moyen que l'exercice indiqué page 3, ligne 10, juſqu'à 16, en obſervant qu'il eſt mieux de faire le délié oblique qu'horiſontal. Voyez la page 72 ſur l'obliquité. Je paſſe à ce qui regarde l'enſeignement des enfants en général.

M. Dumas, Auteur de la Bibliothéque des enfants, a traité de l'Ecriture en Inſtituteur ; j'ai trouvé dans cet ouvrage, des maximes qui m'ont fait faire des obſervations. Je choiſirai les plus générales. J'en commenterai quelques-unes ; & vous ne manquerez pas d'en tirer du fruit.

La ſanté, l'âge & le ſavoir de l'Enfant, dit cet Inſtituteur, *déterminent l'époque de l'Ecriture.*

L'âge & le savoir de l'Enfant déterminent bien moins l'époque de l'écriture, que la constitution de sa main. Il faut examiner avant toute chose, s'il a les jointures assez fortes pour conduire la plume sans fléchir les doigts en sens contraire ; ce que l'on éprouve de cette maniere : on lui prend la main ; on fait plier ses doigts à la premiere jointure (en comptant par le bout) : s'ils plient aussi aisément en un sens qu'en un autre, c'est-à-dire, si le bout de ses doigts a autant de facilité à s'élever qu'à s'abaisser, sa main sera trop foible, & il sera très-sage d'attendre. Si on ne le veut pas, on doit redoubler d'attention ; lui donner le papier le plus doux, des plumes molles; lui faire arrondir le grand doigt, le faire agir du pouce & de l'index, & avoir beaucoup de patience.

Le meilleur avis que l'on puisse donner sur l'Ecriture, c'est que le Maître ne se lasse point de tenir & de guider long-temps la main de l'Enfant, & de ne lui rien passer sur tout ce qui concerne la posture du corps & la maniere de tenir son papier, sa main & sa plume.

Mener la main des Enfants est une chose qui a un air d'action, & qui, à cause de cela, plaît beaucoup aux parents & aux Maîtres. Mais plus on est habile, plus on est reservé à cet égard : au moins on le fait avec délicatesse & légéreté.

Je n'ai rien à ajouter à ce que j'ai dit sur la maniere de tenir le corps & le papier; mais j'ai plusieurs observations à faire sur la maniere de tenir la main & la plume.

La tenue de la plume (page 17) est quelque chose de difficile pour les enfants. Ils semblent la saisir d'abord; mais bientôt leurs doigts se dérangent; 1° parce quils les appuient trop la plume, & sur la plume sur le papier; 2° parce qu'ils ne déplient point les doigts autant qu'ils les ont pliés; 3° parce qu'ils placent le talon de la main trop haut ou trop bas, c'est-à-dire, trop près ou trop loin de la ligne qu'ils écrivent. Dans le premier cas, il faut leur donner du papier doux & une plume molle. Ils la forceront, l'écraseront d'abord, mais peu-à-peu ils se corrigeront de ce défaut; au lieu qu'une plume dure leur perdroit la main.

Dans le second cas, il faut leur faire voir, la plume à la main, quelle est la fonction propre des doigts; leur faire remarquer 1° que le pouce est l'ame de l'écriture, comme l'observe un célebre Expert; qu'il préside dans la conduite des pleins montants & des liaisons, & que son action doit être pleine de douceur; 2° que l'index domine dans la conduite des pleins descendants, que son action dans les jambages doit être légere, hardie & forte. En effet, c'est lui qu'on emploie pour donner ces coups de force que l'on remarque dans les queues droites des lettres mineures, &c. Il faut cependant que vous sachiez que cette pratique convient bien plus aux mains qui ont une certaine force, naturelle ou acquise, qu'aux enfants qui commencent, & qu'il suffit que ceux-ci en aient une légere idée dans le cas où ils feroient le haut des jambages trop fort & le bas trop foible; 3° que la fonction du grand doigt est de contribuer avec l'index à entretenir la plume sur le plein, & de céder avec souplesse à l'action du pouce dans la formation des Rondeurs.

Dans le troisieme cas rappellez à votre Eleve la maniere de tenir la plume, (page 17); faites-lui entendre qu'il doit placer son poignet à portée de la ligne qu'il va écrire, de maniere qu'en commençant un *o* ou un *i*, &c. ses doigts se trouvent arrondis, comme je l'ai marqué, ni plus ni moins, & prenez garde que, pour faire les têtes & les queues, il ne hausse ou ne baisse le poignet, au lieu d'étendre & de fléchir les doigts (page 24), ce qui le porteroit à écrire de travers & d'ailleurs trop grand ou trop petit.

Rien de plus ordinaire que de tenir l'index crochu, au lieu de l'allonger sur le dos de la plume: défaut qui oblige dans la suite à écrire du poignet, & qui ne peut laisser qu'une écriture souvent basse, & toujours roide & vilaine. Voici le moyen dont je me sers pour corriger ce défaut dans les enfants. Je leur fais faire beaucoup de rondeurs, des *o* grands & petits, & dans les deux sens, des lignes spirales, &c. & point de lignes droites. Vous imaginez bien que des mouvements aussi doux doivent diminuer peu-à-peu la dureté de leur doigt, & même leur faire sentir la nécessité de l'allonger. Il est vrai qu'il restera un peu trop arrondi; & même il pourra se faire qu'ils placent le talon de la main trop haut; car d'un défaut on tombe souvent dans un autre. Dans ce cas il faudra insister sur les exercices au dessous de la ligne, pag. 25 ou 52, & leur faire voir que s'ils ont de la difficulté, c'est parce que leur main est trop haute.

Vous avez dû remarquer, Monsieur, qu'il y a deux manieres de soutenir la main. C'est par-là que je finirai cet article. L'une consiste à la poser assez légérement pour que le dégagement soit aisé (page 18); l'autre consiste à la tenir plus ou moins droite, selon que le bec de la plume est plus ou moins oblique (page 15); & je vous prie d'observer à ce sujet que moins on a donné d'obliquité au bec de la plume, moins sa situation doit être oblique, moins il faut ouvrir le bras, & plus il faut soutenir la main; & réciproquement.

Faites observer scrupuleusement à vos Eleves la regle que je viens de vous donner pour la situation de la plume; il y gagneront beaucoup; leur écriture ne sera point trop maigre, comme je l'ai vu craindre: elle sera aussi pleine que si la même plume étoit coupée droit & située horizontalement. Je reprends les avis de M. Dumas.

Commencer par les traits les plus faciles à imiter & les plus simples. S'exercer beaucoup sur les traits qui servent à former les autres lettres qui les supposent.

Tels sont mes principes, page 21, &c.

Dénouer les doigts par les Capitales, & par des traits élémentaires choisis exprès pour cela.

M. Dumas entend sûrement par Capitales ce que nous appellons *Majeures*; & dans ce sens il a raison. Mais en général il faut faire un choix dans tous les exercices, & au lieu de suivre son goût ou sa routine, il importe que le Maître cherche ce qui convient actuellement à son Eleve.

Rendre sensible le fort & le foible, le délié & le plein des lettres par le moyen de la plume à deux becs.

Voyez mon avis, page 78.

Ne faire lier les lettres, les syllables & les mots qu'après avoir bien montré la formation des lettres.

La liaison des lettres est difficile pour les enfants, & demande beaucoup d'attention de la part des Maîtres.

Préférer les lettres simples, élégantes, aux lettres bizarres, monstrueuses & défigurées de l'usage vulgaire, dont il ne faut jamais embarrasser le caractere des jeunes Demoiselles. Ni de personne. J'ai laissé dans la ronde réformée l'*s* finale, (fig. 25) elle ne convient point aux Demoiselles, mais seulement à ceux qui veulent écrire avec la derniere vîtesse

La multiplicité d'A, B, C variés n'est propre qu'aux Ecrivains de profession.

Les Ecrivains de profession sont ceux qui écrivent le moins pour eux-mêmes: ils doivent donc être lisibles, & se conformer d'ailleurs au goût le plus universel. Ainsi tout autorise la réforme (page 36).

Essayer du bras de faire des lettres difficiles & des traits variés, mais toujours dans des quarrés & des bornes prescrites.

Si les Enfants s'en amusent, à la bonne heure; mais on ne doit pas l'exiger d'eux la premiere année.

S'accoutumer à écrire sans régler le papier & sur-tout du coup d'œil.

Faut-il régler le papier des Enfants pour les faire écrire? Les uns le veulent, les autres ne le veulent pas: ils ont tort & raison, la plupart sans le savoir. Voici le mot de l'énigme. Ce qui fait écrire droit, ce n'est pas pas seulement les regles qu'on a coutume de donner, (pag. 38) ni le coup d'œil de l'Ecrivain, mais par dessus tout la force & la hardiesse de la main, ou bien la pratique des regles empêche que la ligne ne monte ou ne descende: mais c'est la hardiesse qui la fait parfaitement droite.

Cela posé, je dis qu'il est possible qu'un Enfant acquiere plus promptement de la force & de la hardiesse avec un papier réglé. Mais d'un autre côté, ce secours seroit funeste à celui qui n'auroit ni courage, ni coup d'œil, ni attention aux regles, comme il arrive souvent; & ce seroit comme l'abandonner à lui-même & le dispenser de tout. Tant il est vrai qu'il faut consulter les besoins de son Eleve, & qu'il ne convient à personne de n'avoir pour tous qu'une même méthode.

Donner des mots & des lignes qui comprennent l'essentiel de l'Ecriture; & en petit nombre pour les Enfants.

Faire entrer dans les exemples du jour les lettres & les mots déja corrigés.

Préférer un caractere gros, nourri & moyen au caractere maigre, & sur-tout à l'égard des Demoiselles.

J'ai vu quelqu'un rire de cette maxime, (que cette niaiserie est commune!); & avant d'en rire moi-même j'ai cherché à l'entendre & à en profiter. Elle m'a fait observer que si le gros caractere convient sur-tout aux Demoiselles, c'est parce qu'elles ont la main foible, (page 69), & qu'il est très-propre à former la main des enfants en général. Le gros caractere doit être moyen, c'est-à-dire, qu'il ne doit pas avoir beaucoup d'étendue. Les enfants ne l'écrivent que pour se préparer au petit : il faut donc l'en rapprocher. Mais une raison plus forte, c'est qu'il faut se conformer à la portée de leurs doigts, qui perdroient en force, en douceur & en sûreté, ce qu'ils gagneroient en étendue. C'est pourquoi, après avoir écrit cinq ou six mois un caractere semblable à celui de mes alphabets (*Voyez les deux planches*), il faudra insister sur une ronde moins grosse, & sur une batarde semblable au titre *ronde réformée* (*premiere planche*) puis, quand la main sera formée, & qu'il s'agira d'apprendre à écrire un peu vîte, il faudra diminuer la grosseur de la batarde. (*Voyez mon nom au bas de la premiere planche*).

On trouve bien des Ecrivains pour le gros caractere posé, & peu pour le petit.

C'eſt que le gros caractere demandant de la force pour être bien exécuté, on y emploie ſouvent toute la main, au lieu de n'employer que les doigts, & même le bout des doigts : ce qui eſt bien éloigné de donner la douceur convenable au petit caractere.

*A force de confondre certaines lettres, comme l'*e*; le* c; *l'*a, *l'*ei; *les* l, t, f, *on donne lieu à deviner plutôt qu'à lire.*

Cet inconvénient n'aura point lieu pour ceux qui ſuivront mon Traité. Après avoir donné les moyens d'exécuter avec aiſance, je décompoſe à un dégré convenable les lettres de l'alphabet, afin de rendre l'écriture auſſi liſible qu'élégante.

Peut-on appeller belle écriture celle dont les mots ne ſont devinés que par le ſens de la phraſe?

N'écrivez que les choſes utiles & convenables à votre âge & à votre état.

Etudier le rapport entre les lettres manuſcrites & celles de l'impreſſion.

Ce ſeroit le moyen de faire l'hiſtoire hypothétique de l'Ecriture ; choſe très-utile, que vous allez entendre. Dans le temps que je m'occupois des principes, j'avois ſous les mains l'Encyclopédie, & le même jour où j'avois fait ma découverte, je liſois l'article *Encyclopédie.* J'y trouvai une maxime excellente, qui, dans la circonſtance, mettoit le comble à ma ſatisfaction : la voici. *Il faudroit indiquer l'origine d'un art, & en ſuivre pied-à-pied les progrès, quand ils ne ſeroient pas ignorés, ou ſubſtituer la conjecture & l'hiſtoire hypothétique à l'hiſtoire réelle. On peut aſſurer qu'ici le roman ſeroit ſouvent plus inſtructif que la vérité.* Je revins ſur le champ aux parallélogrammes que j'avois retrouvés, & j'en tirai l'hiſtoire au moins hypothétique de notre écriture proprement dite, c'eſt-à-dire, de la configuration des lettres. Je remontai au caractere Romain, & même au-delà ; car en penſant aux caracteres Aſiatiques, je me diſois : « Les premiers caracteres que l'on em» ploya pour repréſenter les ſons, ne furent d'abord que

» des traits faits au hazard. On pensa plutôt à les diffé-
» rencier qu'à les rendre agréables à la vue, &
» capables de former un bel ensemble. Il étoit réservé
» aux Romains (ou, si l'on veut, aux Latins), de for-
» former un Alphabet qui réunît ces propriétés ». Vous imaginez bien qu'ils ne le firent point lettre à lettre, ni au hazard ; au contraire vous pouvez vous convaincre que deux figures de géométrie l'ont produit tout à la fois. Ces figures sont un parallélogramme & une courbe inscrite ; & ce put bien être d'abord un quarré parfait & un cercle inscrit, qui sont assurément les figures les plus régulieres & les plus belles. Voilà, Monsieur, l'invenvention à laquelle la plus grande partie de l'Europe doit son écriture ; invention que j'ai remise dans tout son jour, pour mettre la nôtre dans son état naturel, & lui donner un nouvel éclat. Le caractere romain vous intéressera davantage dorénavant. Vous en tirerez l'histoire hypothétique de nos Alphabets, d'autant plus aisément que vous en trouverez les principaux traits dans mon Traité. Il se présentera plusieurs occasions de l'exposer à vos Eleves, & vous pouvez croire qu'autant elle vous aura satisfait, autant elle les amusera, les intéressera & les instruira.

Raisonnez en pratiquant, & pratiquez en raisonnant.

Apprenez à raisonner sur l'A, B, C, sur l'Arithmétique & sur l'Ecriture.

L'*A*, *B*, *C* & l'Ecriture sont une même chose ; & vous venez de voir la maniere de raisonner à ce sujet. Mais ce qui est réellement différent, c'est l'Art d'écrire & l'Ecriture. Celle-ci n'étant autre chose que les lettres de l'Alphabet, la maniere d'exécuter est proprement l'Art d'écrire, lequel embrasse la taille de la plume, sa tenue, sa situation ; la position de la main, des bras, du papier & du corps ; l'action des doigts, du poignet & du bras, &c. toutes choses sur lesquelles on ne peut trop raisonner.

Vous ne manquez pas de voir, Monsieur, combien la qualité de Maître vous impose d'obligations. Vous voyez plus clairement encore aujourd'hui avec quelle attention il faut ſuivre les enfants. Cependant quel qu'habile que vous puiſſiez devenir, ne comptez pas d'abord ſur de grands progrès. Souvent la légéreté de cet âge ſemble renvoyer le Maître à la premiere leçon : ſouvent les défauts naiſſent & ſe ſuccedent ſous l'œil le plus vigilant: ſouvent la main la plus travaillée paroît la plus ingrate. Mais ne vous effrayez pas. Si vous avez l'œil vigilant, vous l'aurez juſte; &, ſous les apparences du plus grand déſordre, vous reconnoîtrez les marques du ſuccès. Sur-tout, ſoyez patient; mettez-vous à la place de votre Eleve; c'eſt le premier devoir des Maîtres: ſongez que la main droite d'un enfant qui commence, n'a pas plus de dextérité que votre main gauche; qu'il faut d'ailleurs qu'il ſe mette dans l'eſprit la forme préciſe des lettres: ce qui eſt un ouvrage dont vous pourriez bien avoir oublié la difficulté & la longueur.

Me voilà, Monſieur, à la fin de ma carriere. Si je vous expoſois les vues qui m'ont guidé dans ce petit Ouvrage, vous lui donneriez peut-être plus de prix. Mais je ne veux point mendier le ſuffrage d'un homme également juſte & éclairé (*a*). Il me ſera précieux ſans doute; & ſi quelqu'un vient à me blâmer :

Sin autem doctus illis occurrit labor
Siniſtra quos in lucem natura extulit,
Nec quidquam poſſunt, niſi meliores carpere;

(*a*) Ce qu'on ne doit pas dire à quelques-uns, il faudroit le répéter ſans ceſſe à la plupart, & crier de toutes ſes forces, ſur-tout au ſujet d'un Traité d'Ecriture, dont le ſort particulier eſt d'être mal jugé. J'ai dit ce qui n'avoit pas été dit, & qui devoit l'être. Je me ſuis appliqué à faire penſer, à donner un eſprit d'obſervation qui devient de plus en plus rare; & j'ai lieu de croire qu'après une premiere lecture de cet Ouvrage, on ſera plus inſtruit, ou qu'on voudra s'inſtruire. Si malgré cela, je ne ſuis pas généralement approuvé, ou du moins applaudi, c'eſt qu'ayant donné les Principes de l'Ecriture, & autoriſé une ſage réforme, je me ſuis attiré par-là l'indignation, non de mes Confreres, mais de leurs Partiſans & de leurs Eleves, toutes perſonnes dont le jugement eſt néceſſairement ſuſpect.

alors je me rappellerai votre équité, & je dirai du plus profond de mon cœur : *Est mihi Plato instar omnium.*

J'ai l'honneur d'être, &c.

AVIS.

Pour faciliter aux Enfants la pratique des traits élémentaires dont il est question, pages 21 & 49, *je me propose de les faire graver d'après la plume à deux becs. Aussi-tôt que cela sera exécuté, j'en ferai part au Public.*

TABLE

ALPHABÉTIQUE

DES MATIERES.

Fin de la Table des Matieres.

1 2 3 4 5 6 7 8 9 10 11 12

13 14 15 16 17 18 19 20 21 22

Abcdefghijlmnopqrstuvxyz

Abcdefghijlmnopqrstuvxyz

Exercices &c.

A A A B B B B C C D D E E

F F H I J J L M M N N O P

P Q Q R R R S T T U V V

V X Y Z

Laurent. Petit Sculp.

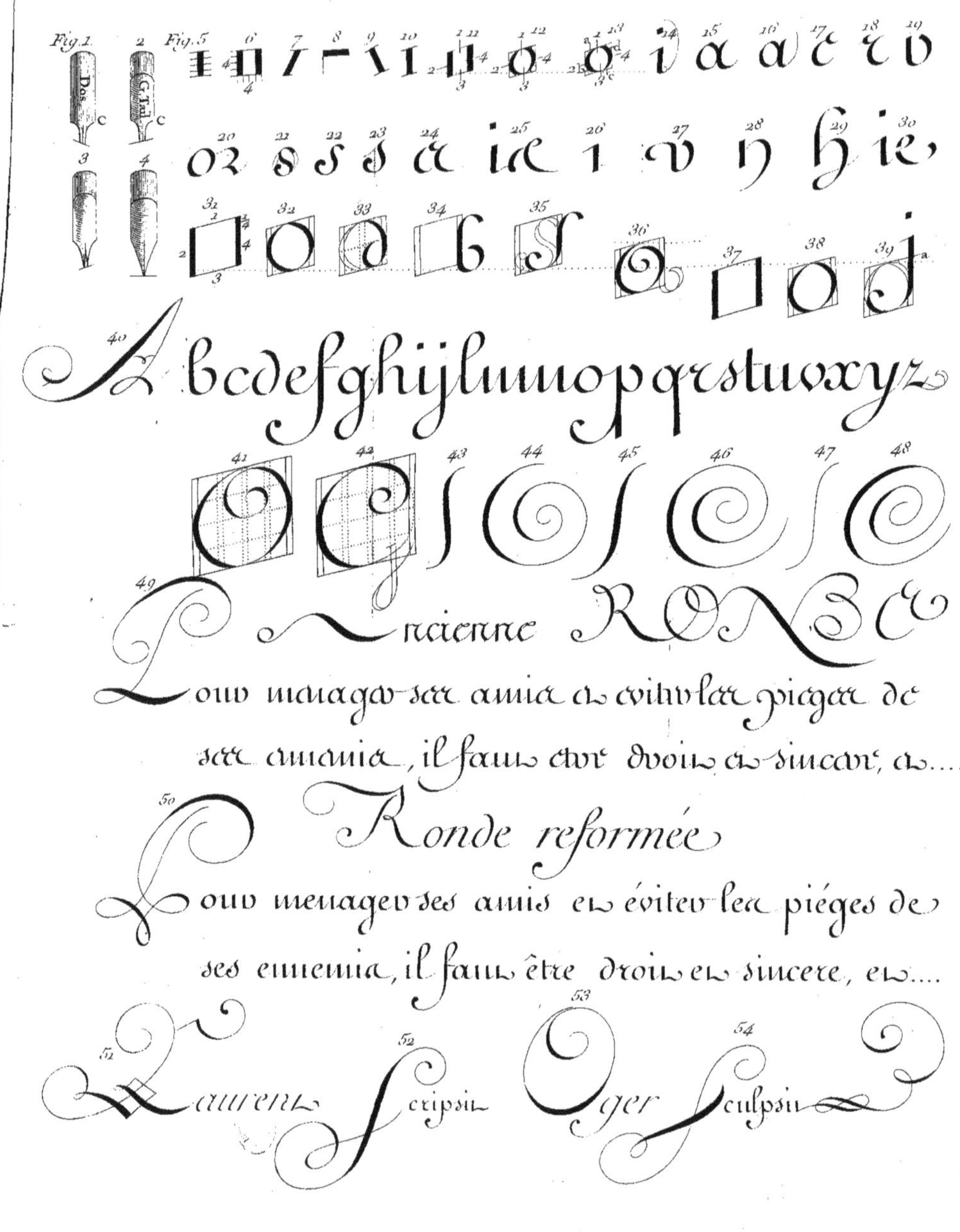
Fig. 1.
Fig. 5
Dos
G. Tal
Ancienne Ronde
Pour menager ses amis et eviter les pieges de ses ennemis, il faut etre droit et sincere, et....
Ronde reformée
Pour menager ses amis et éviter les piéges de ses ennemis, il faut être droit et sincere, et....
Laurent Scripsit
Oger Sculpsit

www.ingramcontent.com/pod-product-compliance
Ingram Content Group UK Ltd.
Pitfield, Milton Keynes, MK11 3LW, UK
UKHW021821190726
13853UKWH00003B/1108